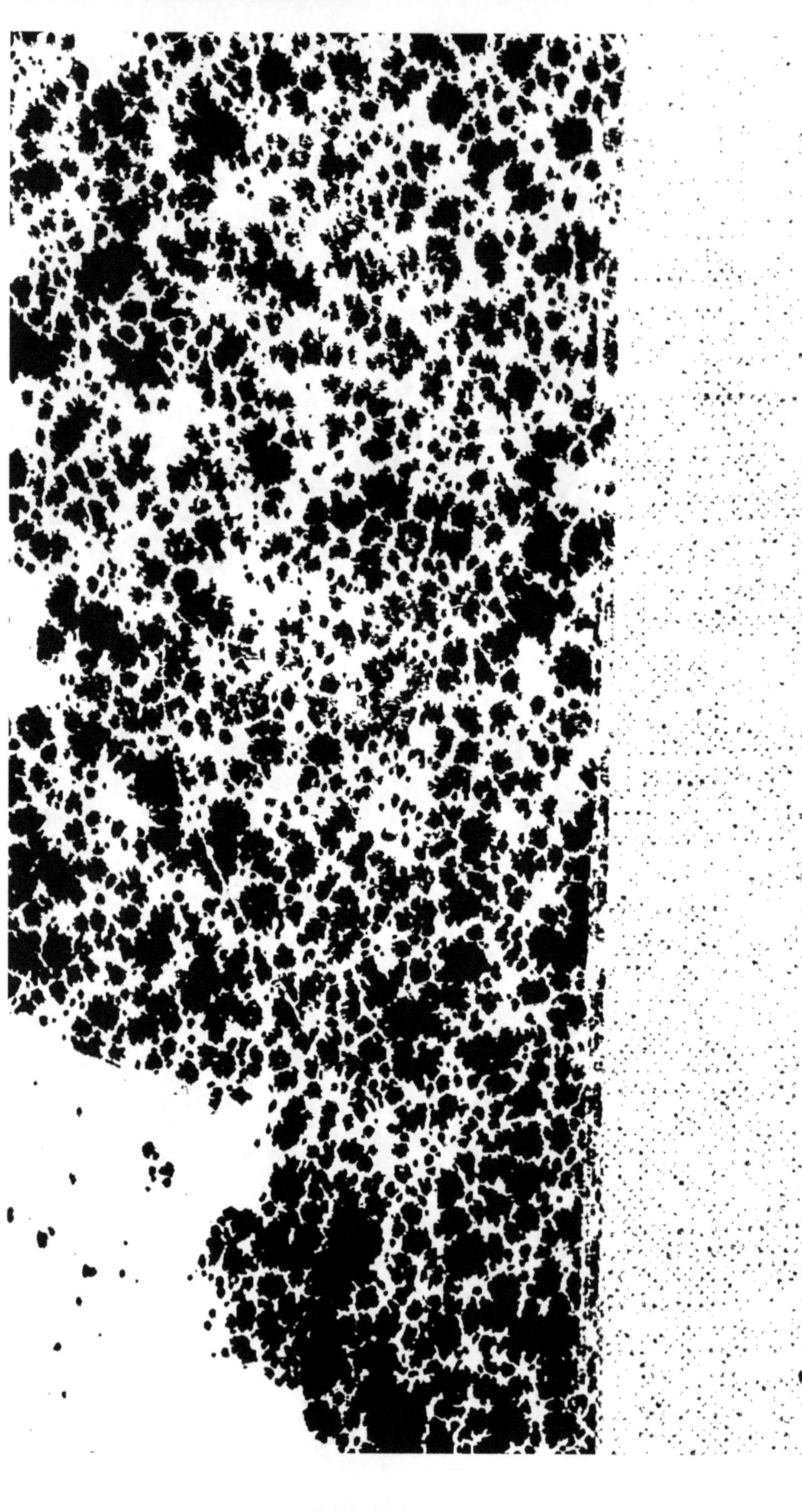

LOUIS GAUSSEN

EN ARIÈGE !

HISTOIRE — SITES ET LÉGENDES

« Et tandis que la Haine sortait des
« rives de la Seine et du Tibre, l'Amour
« chevaleresque rayonnait des sommets
« d'Ariège ! Et voilà pourquoi cette Terre
« pyrénéenne est auguste et vénérable et
« glorieuse à travers les siècles... »

Prix : UN franc

FOIX
GADRAT AINÉ, ÉDITEUR
Rue de La Bistour

1905

EN ARIÈGE !

LOUIS GAUSSEN

EN ARIÈGE !

HISTOIRE — SITES ET LÉGENDES

« Et tandis que la Haine soufflait des
« rives de la Seine et du Tibre, l'Amour
« chevaleresque rayonnait des sommets
« d'Ariège ! Et voilà pourquoi cette Terre
« pyrénéenne est auguste et vénérable et
« glorieuse à travers les siècles... »

Prix : UN franc

FOIX
GADRAT AINÉ, ÉDITEUR
Rue de La Bistour

1905

A CAMILLE SOULA

en témoignage de mon affection profonde
ce livre est dédié.

L. G.

Foix, juillet 1905.

EN ARIÈGE

A ceux qui déplorent le peu de goût des Français pour les voyages, certains répondent : « A quoi bon aller chercher au loin ce que nous possédons chez nous, sans sortir de nos frontières. » L'argument serait valable si nous connaissions réellement les innombrables ressources de beauté qui font de notre pays le premier du monde. Le malheur c'est que nous n'en connaissons qu'une partie, la plus accessible, partant la plus banale. Nous aimons la nature, mais nous la voulons aimable, accueillante, mise au point. L'effort même pour jouir, nous déplait. Nous sommes des sensibles et non des volontaires, des promeneurs et non des montagnards, des artistes et non des conquérants. Nous tenons à sentir vite, du premier coup ; le sublime nous déconcerte ; nous l'exigeons taillé à notre mesure, adapté à nos regards, réduit aux dimensions du joli, du gracieux. La littérature chez les gens du monde, la romance chez les gens du peuple, achèvent de tuer le goût de l'action en notre race, jadis guerrière (Henry Spont).

C'est pourquoi nous prenons ce qui est à la portée de la main, le plaisir immédiat propre à satisfaire notre indolence, à calmer nos appétits fugaces de gourmets tôt rassasiés. Si la beauté n'est pas aménagée, si elle ne vient pas à notre rencontre, nous la regardons d'en bas, de loin, heureux quand même d'en pouvoir tirer par la seule contemplation, des jouissances. A la longue, l'imagination nous persuade de l'avoir réellement possédée, car nous avons une grande faculté d'illusion, une inconcevable, incurable tendance à être dupes.

Or, dans les Pyrénées d'Ariège, le sublime n'est guère mis en valeur. Il est invisible, haut perché, farouche. Il ne se dérobe pas, mais il ne se montre pas. Il existe, d'autant plus vivant qu'il n'est pas altéré par l'industrie humaine, vulgarisé par les racontars, la chronique. Donner son reflet exact est une entreprise au-dessus de nos forces. Mais à défaut de l'auguste et captivante réalité, le lecteur en trouvera ici la transcription vue à travers la sensibilité d'un homme pareil à lui et comme lui destiné à mourir...

Ces réflexions étaient nécessaires au seuil de cette étude en grande partie consacrée aux merveilles physiques de l'Ariège. Le dédain qui accable les magnificences de cette terre des grottes et des montagnes est tel, étayé sur une si solide et si injuste légende, que toute tentative de réaction en leur faveur prend les allures d'un paradoxe. La Suisse, l'Ecosse n'ont pas besoin d'introduction : les départements pyrénéens et l'Ariège en particulier doivent être présentés au lecteur avec leur état signalétique.

Que de Toulouse on remonte la Garonne, puis le fleuve Ariège ; que, venant de l'Occident on longe les rivières Arize et Salat ; qu'on suive la Sègre ou la Noguera-Pallaresa, à partir de la terre Aragon ou l'Aude depuis le rivage de la brillante Méditerrannée, on arrive également dans un pays de montagnes sublimes, de bassins verdoyants, de lacs profonds, d'âpres gorges où blanchissent des torrents nés dans la neige ou sortis en bouillonnant d'une arcade de glace bleue. Ces montagnes se nomment les Pyrénées, ce pays s'appelle l'Ariège. C'est l'ancien Comté de Foix, le pilier de la véritable France du Sud, puisqu'il se trouve entre Languedoc et Aquitaine, à la source d'une rivière qui va se perdre au loin, dans l'occident bourbeux de la Saintonge...

A vrai dire ce pays de neiges, de rochers, de forêts muettes, de sommets altiers et de souterrains inconnus, si tentant qu'il soit pour le dîneur pourvu d'un fin cigare, exige une telle dépense d'énergie, un tel déploiement de forces, un attirail si compliqué que, seule, une équipe nombreuse, bien entraînée, bien soudée, peut y circuler, y vivre durant des semaines. Un séjour de plusieurs mois est nécessaire pour explorer ses recoins perdus au fond des vallées ou dans les entrailles de la terre, plusieurs mois de pain noir, de vin aigre, de lard rance, plusieurs mois de fièvre sans sommeil, — mais aussi des mois et des mois de vie libre, rude, joyeuse et fière.

Pour ceux qui n'ont pu jouir du spectacle de ce chaos immense qu'anime de loin en loin le vol lourd des perdrix grises, de ces forêts muettes parsemées de sapins morts aux branches nues, comme crucifiées, de ces cascades mugissantes dont la voix ne s'arrête jamais, nous avons voulu rassembler ces quelques notes, résultat de trois années d'excursions en Ariège. Nous ne détaillerons certes pas pièce par pièce les merveilles de cette terre fortunée, car dix volumes suffiraient à peine à la partie technique, fastidieuse, mais nous nous reconnaîtrons satisfaits si nous pouvons attirer dans nos superbes montagnes quelques-uns de ces désœuvrés que tout rappelle en bas vers les chères habitudes délaissées, et que rien n'attire en haut, vers l'Inconnu.

Le devoir de l'écrivain n'est pas de décrire, mais de convaincre. « *Toute vérité est bonne à savoir* » a dit Renan.

***

L'Ariège n'est pas une petite Suisse, comme nous le disons parfois, pensant lui faire honneur. L'Ariège, c'est l'Ariège avec son puissant relief aux doux escaliers. On les gravit sans fatigue et sans vertige, sans songer à la conquête d'une région supérieure, mais avec l'intérêt de bonnes gens montant au faite de leur maison pour contempler leur jardin (Georges Sand).

C'est que ce jardin, c'est la France dont une si grande partie va se dérouler sous nos yeux, des sommets pyrénéens. Sur ces paisibles belvédères, nous serons encore au cœur de la Patrie. Nous aurons sous les pieds ces vieux massifs qui nous ont fait émerger du sein des océans et qui par leur puissance sont comme les assises de notre existence. La chaine pyrénéenne qui protège une de nos frontières n'est qu'une muraille : l'Ariège en est la forteresse.

***

C'est un pays dur et riant à la fois, mais où l'âpreté domine et où le sourire se fait prier. Le climat est rude, froid en hiver, chaud en été. La vigne mûrit mal dans les hautes vallées et donne un vin très âcre. Les sommets des montagnes sont souvent chargés de vapeurs glaciales et quand le vent les balaye, la pluie se rabat dans les bas-fonds. A certaines époques, c'est un éternel caprice, des combinaisons de nuées fantastiques, des éclipses subites de soleil et puis des clartés d'une limpidité froide qui ramènent la pensée à ces rêves de la première aube de notre monde *quand la lumière fut créée*, c'est-à-dire quand l'atmosphère terrestre, dégagée de ses tourmentes, laissa percer les rayons du soleil sur la jeune planète éblouie...

⁂

Les bois de chênes, de hêtres et de pins réussissent à merveille sur ce sol, les hêtres surtout, qui paraissent y trouver un terrain parfaitement propice ; les châtaigniers y viennent aussi. Sur de très grands espaces, où le roc n'est recouvert que d'un pellicule de terre, s'étendent les genêts et les ajoncs, dont les fleurs revêtent au printemps la montagne d'un manteau d'or. C'est le moment de sa plus grande parure.

Les fougères qui viennent là spontanément y atteignent des proportions inattendues et donnent souvent à ce coin de France pyrénéenne l'aspect d'un paysage breton ou écossais, surtout quand le brouillard s'étend sur ses croupes, les baigne de sa vapeur grise, ou que, poussé dans les gorges par les rafales du vent d'ouest, il se déchire en longs lambeaux et va se dissiper sur le versant oriental dans la tiède atmosphère du bassin méditerranéen.

La fougère sert de litière au bétail ; les genêts sont employés pour chauffer les fours. Le contraste entre le climat du versant occidental et celui du versant oriental n'est pas aussi nettement tranché qu'il l'est, par exemple, dans les Cévennes méridionales. On ne voit pas, comme sur les flancs de l'Espinouze, d'une part les ruisseaux permanents au lit plein et régulier, la verdure touffue des bois, les prairies riches en bétail ; de l'autre, les *ouidane* au large lit de fleuve, pierreux, desséchés, se gonflant soudainement avec une violence diluvienne, épuisant en quelques heures de quoi suffire à un cours de plusieurs mois, dévastateurs, rongeant les terres et roulant à la mer leurs dépouilles. Dans les montagnes d'Ariège, il n'y a pas de contraste aussi vigoureux : le bassin de l'Hers est la zone où se fondent les deux influences de l'Océan et de la Méditerrannée.

*
* *

Les Pyrénées ariégeoises sont remarquables par leurs amas d'eaux épars sur leurs flancs et dans les dépressions formées à toutes les altitudes, depuis le fond des vallées jusqu'au-dessous du niveau moyen de la ligne de faîte.

Ces lacs sont confinés dans les massifs de la Haute-Ariège. Ils n'occupent pas une surface égale aux grands bassins qui s'ouvrent au pied des Alpes et ressembleraient plutôt aux petits lacs des Vosges. Mais si leur étendue est restreinte, si leurs rives sont resserrées, ils ont un aspect souvent âpre et sauvage, parfois aussi riant et gracieux.

La plupart de ces lacs occupent des dépressions taillées dans de vastes nappes de rochers, dont les parois sont bien plus élevées que la surface liquide. Lorsqu'on pénètre dans l'enceinte escarpée qui entoure un de ces étangs, en suivant la brèche étroite qui donne issue à son trop plein, on se trouve dans l'intérieur d'un vaste amphithéâtre dont l'arène liquide a souvent plus d'un kilomètre de diamètre. Les parois de cet énorme colisée naturel, fortement inclinées, atteignent souvent jusqu'à la hauteur de 200 ou 300 mètres ; elles sont d'ordinaire entrecoupées de mousses et de saillies rocheuses. le reste des pentes se dérobe sous le feuillage touffu des hêtres et sous celui plus sombre des sapins.

A midi, l'eau est d'un vert lustré et tendre. Des frissons, tantôt argentés et tantôt mordorés, la moirent à la moindre brise. Le soleil luit partout : il baigne de ses rayons étincelants la muraille de rochers, très claire à l'endroit où les rocs se dénudent, plus foncée et plus chaude aux plans où s'épaississent les forêts de sapins.

Vers le fond des lacs, plusieurs plans de montagnes s'échelonnent et s'enchevêtrent, noyés de brumes transparentes qui veloutent les contours, arrondissent les arêtes, puis s'envolent en fumées blanches et vont former comme un chapeau de nuées autour des cimes les plus hautes...

Le soir, au crépuscule, si l'on considère le lac du haut de la crête qui termine l'escarpement ardu et presque partout impraticable de son rivage, l'aspect devient tout à fait saisissant. On a la sensation d'un abime. Assombries par le reflet de leurs rives, les eaux paraissent remplir, immobiles, un gouffre immense. A cette hauteur, les petites vagues, les rides de la surface sont invisibles : le lac prend l'apparence d'un bain de plomb fondu, et les parois du cirque semblent presque noires.

On ne s'étonne plus alors des légendes qui, jadis, faisaient de ces lacs un objet de terreur et de mystérieux effroi, quand les pâtres les croyaient sans fond et prétendaient que l'imprudent qui y jetait une pierre provoquait soudain un tourbillon duquel sortaient d'épais nuages portant dans leurs flancs la grêle, la foudre et la tempête ..

*
* *

Les Pyrénées d'Ariège, la plupart faites de craie facile à limer, à vider, sont pleines de grottes « sans fin, sans fond », allant jusqu'à franchir les monts d'outre en outre, parfois avec un torrent qui les accompagne : *l'Antre de Bédeillac*, dans le pays de Tarascon-sur-Ariège et d'Ussat, courbe, dit-on, des voûtes à 70 et 80 mètres de hauteurs ; deux lacs dorment dans la *Caverne de Niaux* ; la Spélonque de *Lombrices* s'étirerait en couloirs sur une lieue de longueur et s'unirait (peut-être) à travers monts à la caverne de Niaux.

Certes, l'antre de Bédeilhac n'est point le tombeau de Roland comme affirme la légende; mais la plupart de ces cavernes sont remplies d'ossements.

On y lit obscurément l'histoire des climats, des bêtes et des hommes; on y trouve les restes d'animaux qui, depuis longtemps, ne vivent plus en Europe, et dont plusieurs étaient autrement terribles que le loup ou l'ours qu'on peut encore rencontrer dans les monts d'Ariège.

A ces os de bêtes sont mêlés les os de l'homme préhistorique, sans parler de ce qu'ont laissé de débris, les persécutés, les proscrits, les fugitifs, les criminels, tous les malheureux et les « hors loi » qui vinrent de tout temps, demander asile à ces cavernes où vivent des êtres sans yeux qu'on n'ose dire aveugles tant ils marchent délibérément dans leur obscurité; sans doute l'odorat ou le toucher, ou peut-être un sens inconnu, les dirigent.

Si solides que soient les piliers, les voûtes de ces prisons ténébreuses, cette architecture s'effondre le jour venu sur telle ou telle crypte, ou bien les roches descendent peu à peu avec le sol qu'elles portent; il arrive alors que des sommets cachés l'un à l'autre se contemplent de mieux en mieux à mesure que baisse une cime intermédiaire : ainsi la Bastide-de-Sérou, bourg escaladant un coteau de l'Arize, n'apercevait point Montagagne; ce village a d'abord montré la pointe de son clocher, puis il s'est dégagé tout entier; on eût dit qu'il montait, mais c'était une colline d'entre deux qui descendait; il voit aujourd'hui la Bastide et la Bastide le voit, à la distance de 7 kilomètres; ainsi encore, on aperçoit de la vallée de Tarascon, le village de Génat, invisible autrefois derrière une chaîne de montagnes.

⁂

Une grotte sublime, c'est l'antre où passe l'Arize, courant qui n'est encore qu'un gros ruisseau lorsqu'il arrive à la *grotte du Mas-d'Azil*, en amont et tout près de la ville homonyme.

Nous sommes en cette région montagneuse qui, allant de Foix à Saint-Girons, occupe presque toute la partie méridionale de l'Ariége.

Devant nous, la roche se dresse abrupte, verticale, découpant son arête aiguë sur l'azur clair. Une grande arche s'ouvre au ras du sol, portique gigantesque où la rivière s'engouffre dans le bloc immense. L'entrée est grandiose; au lieu de corbeaux on lui voudrait des aigles et au lieu d'un maigre torrent on lui souhaiterait une mugissante rivière.

Mais que fonde au printemps la neige de l'hiver, ou qu'un furieux orage change en niagaras les rivulets des monts de la Bastide-de-Sérou, alors un fleuve s'enfonce dans l'antre, et l'Arize tonne sourdement dans son lit de rochers, d'abord en lumière, puis dans le clair-obscur, puis dans les ténèbres, car la paroi tourne et la voûte s'abaisse; si ces ténèbres étaient nuit noire on dirait la *porte des Enfers*... A droite près d'un pilier colossal, soutenant le poids de la voûte, s'ouvre une grotte latérale, celle-ci sans rivière; avec d'autres cryptes, c'est un asile de chauves-souris, qui trouvent trop lumineux le couloir dont la sortie est basse, étroite, écrasé par 140 mètres de roche.

Tunnel creusé par la nature, la grotte du Mas-d'Azil a été utilisée par l'homme qui, à côté du torrent dont la voix mugissante est amplifiée par l'écho grondant des voûtes, a construit dans la paroi une route de grande communication. A gauche du torrent, dans une excavation de la roche, se trouve un gouffre qui, à demi-perdu dans l'ombre, passe inaperçu pour la plupart des voyageurs, mais qui est bien connu des gens du pays. On l'appelle la *gourgo Régino*, le gouffre de la Reine. Une cascade jaillissant des entrailles même de la montagne, y coule sans fin; nulle créature vivante n'en a sondé le fond, et de tout ce qui vient à y tomber rien ne reparait plus jamais; le gouffre dévorant garde sa proie.

Son approche cependant, ne passe pas pour redoutable, bien au contraire. Aussi il est d'usage que les fiancés du pays, la veille de leur mariage, se rendent au bord de la *Gourgo*, et emplissent une grande cruche de grés de son eau. Cette eau, elles l'emporteront en leur nouvelle demeure, en aspergeront la chambre nuptiale, car elle est sensée déjouer les mauvais sorts. Puis, leur cruche pleine, elles se penchent encore sur le gouffre, et longtemps elles demeurent, les yeux ardents, retenant leur haleine. Qu'attendent-elles ainsi ? C'est, sur l'eau sombre, et dans la poussière d'eau impalpable qui s'exhale en fumée au-dessus, et la couvre d'un voile cristallin, c'est une blanche figure de femme, aux longs cheveux blonds, flottant les rameaux de saule, aux deux prunelles vagues, telles deux pâles fleurs de lin, épanouies en un champ de neige. Le blanc visage sourit, quoique mélancolique. Heureuse la fiancée pour qui il remonte du fond du gouffre ! Son union sera bénie. De beaux enfants mettront autour de son cour la caresse de leurs bras blancs, et l'amour, comme un astre bienfaisant et pur, durant un jour serein, éclairera sa vie de l'aube jusqu'au plus lointain crépuscule. Quelle est donc la mystérieuse apparition qui flotte aussi sur le gouffre ? Voici ce que m'ont raconté à ce sujet les vieilles gens du pays :

« Il y avait une fois — il y a de cela bien longtemps — un vieux roi qui avait une fille d'une beauté merveilleuse. Elle se nommait Aymigue, ce qui, dans la langue douce et chantante de la région, signifie Aimée.

« Comme sa mère était morte, et que le roi, son père, la sachant savante et sage, l'avait associée à sa puissance, on l'appelait la Reine. Un jour vint où la Reine fut fiancée à un jeune prince qui habitait par delà les monts, sous le ciel de velours de la brune Espagne.

« Après de longs mois, la venue du prince fiancé fut enfin signalée à la cour du roi par de nombreux hérauts d'armes. La princesse Aymigue n'avait jamais vu celui qui allait devenir son époux, les accords du mariage s'étant fait, ainsi que cela avait lieu le plus souvent, entre les ambassadeurs des deux pays.

« Comme il tardait encore à venir, la reine, impatiente et curieuse — eût-elle été femme sans cela, et fiancée ? — résolut d'aller au-devant de lui, afin d'apercevoir plus tôt le visage de son futur « maître et seigneur. » Le protocole de cette époque ne s'opposait nullement à cette démarche plutôt singulière, et les princes et les princesses, tout comme les autres hommes, avaient licence de suivre les secrets désirs de leurs cœurs.

« Donc la reine prit avec elle de nombreux chevaliers, varlets et pages, munis de torches et, un sourire aux lèvres, une joie malicieuse dans les fleurs de ses prunelles, elle pénétra avec eux dans la grotte qu'elle devait traverser, pour rencontrer sur l'autre flanc des monts son royal fiancé.

« Mais, tandis que le cortège était au milieu de la grotte, un grand vent venu de l'arche nord, s'élève soudain et souffle en tempête. En un instant, comme l'haleine d'un enfant éteint une lampe fragile, il souffle les torches et les ténèbres opaques enveloppent le cortège. La Reine, perdue sans doute en quelque rêverie d'amour, était demeurée seule à quelques pas en arrière. Affolée par la nuit soudaine, elle veut rejoindre ses gens qui, de leurs côtés l'appellent à grands cris. Mais le gouffre, au bord duquel elle venait d'arriver à son insu, s'ouvre sous ses pas. L'eau glauque la happe cruellement. On ne devait plus la revoir. La Gourgo garde en jalouse ceux qu'elle dévore.

« Mais le pâle et blanc visage de la princesse Aimée vient, dit-on, flotter parfois dans son écume ». Bien qu'évocateur d'une fin tragique, l'apercevoir est, selon la croyance générale, présage de joie. Peut être exprime-t-il par là, à son insu, que celle à qui il appartient eut, de toutes les parts la meilleure, n'ayant connu de l'amour que l'attente anxieuse et douce, fleurie seulement des délicates fleurs du rêve...

⁂

... Une autre et très célèbre grotte de la montagne ariégeoise, celle de *Fontestorbes*, s'ouvre au voisinage du bourg de Bélesta, au pied d'un roc à pic où s'accrochent des pousses d'ormeau, des touffes de buis, des herbes et des ronces.

Claire-obscure à l'entrée, elle serait ténébreuse au fond sans un puits de lumière ; au-delà de ce trou de la voûte, c'est la demi-nuit : on se trouve en face d'une onde immobile qu'on ne saurait franchir ; une barque n'y glisserait pas, un homme n'y pourrait étendre les bras pour nager. En avant du couloir, d'un roc éclairé par la bouche de la grotte et la lucarne d'en haut, on admire comment la source naît et meurt.

Rien n'annonce qu'elle va jaillir, ni souffle d'air, ni secousse, ni rumeurs souterraines ;

l'instant venu, d'entre les cailloux, il monte un peu d'eau, et lentement, sans efforts, sans fracas et presque sans murmure, l'eau monte, en même temps qu'au-delà du puits de lumière, dans le couloir ténébreux, monte aussi l'onde auparavant morte qui est le réservoir de la fontaine. Bientôt cette onde sort en torrents do son couloir, elle se mêle aux flots nés entre les pierres de l'antre, et dès lors Fontestorbes est une rivière divinement pure, telle qu'elle doit couler d'une pierre sans roseaux, sans joncs, sans herbes, sans limons et sans nénuphars.

Quand la grotte est pleine, jusqu'aux pieds du visiteur debout sur la roche, Fontestorbes descend à l'Hers par le canal d'une scierie et par une cascade qui tombe d'un barrage de pierres moussues.

Après avoir monté 36 minutes 36 secondes, l'eau baisse, et de rivière devient ruisseau, puis disparaît pour reparaître après une absence de 32 minutes 32 secondes.

Cette intermittence ne dure point tout l'an ; il y a des semaines, des mois où par la vertu des fortes pluies, Fontestorbes émet une rivière sans lacune ; et dans la saison de cours interrompu, il suffit d'un orage fécond pour ramener à l'expansion continue cette source merveilleuse.

Plusieurs sources suintant dans le voisinage présentent les mêmes phénomènes que celle de Fontestorbes, avec laquelle elles paraissent avoir une origine commune. La science explique, à l'aide de diverses hypothèses, les faits curieux que nous venons de décrire. Il ne nous appartient pas de la suivre dans des détails de cette nature. Il suffira de déclarer que l'explication la plus généralement adoptée est fondée sur le jeu du syphon que tout le monde a vu fonctionner de ses propres yeux. Quoiqu'il en soit des causes de ce rare phénomène, aucun étranger ne visitera l'Ariège sans se transporter à Fontestorbes pour être témoin de ses intéressantes manifestations.

A quelques pas de cette fontaine, il pourra constater l'existence d'un autre phénomène non moins digne d'attention. Dans un ravin circule, pendant les belles nuit d'été, cette brise de montagne connue sous le nom de *vent du pas* et qui est appelée dans le pays *vent de Labeno*; après avoir duré toute la nuit, sa force diminue par degré à l'approche du jour, et cesse entièrement au lever du soleil, pour reprendre son activité, lorsque cet astre a disparu sous l'horizon.

... Le vaste rocher d'où sort la « reine des fonts intermittentes » borde une grande forêt que les paysans de l'Hers nomment la « Draperie », parce que ses sapins fournissent les planches de cercueil qui sont notre dernier habit... La forêt de Bélesta fait la richesse des communes voisines qui en sont usagères. Dans l'intérieur existent des excavations profondes qui aboutissent peut-être à un immense lac souterrain. Après avoir assisté à l'intermittence de la fontaine de Fontestorbes, le voyageur ne saurait revenir sur ses pas, sans être monté, par une voie remplie de pittoresques accidents, jusqu'à la grande et imposante sapinière.

Sous ces voûtes sombres, dans ce profond silence interrompu seulement, de temps à autre, par la cognée lointaine du charbonnier ou du bûcheron, il éprouvera cette religieuse terreur dont il est si souvent question dans les écrits de nos romanciers et les rêveries des poëtes, et, pour peu qu'il soit doué d'une âme sensible, il aimera à se livrer à l'influence de cette impression qui tour à tour le charme et l'effraie. Assis au pied d'un arbre gigantesque, sur un tapis de mousse odorante et soyeuse, il oubliera les hommes et les cités, les affaires et l'âpre lutte de la vie, il goûtera sans mélange la douceur d'un sentiment auquel il était demeuré totalement étranger jusqu'à cette heure de méditation solitaire; et quand il redescendra dans la plaine, ranimé par les effluves vivifiantes de la primitive nature, il ira, d'un pied plus ferme et d'un cœur plus résolu, visiter les sites hardis d'alentour.

⁂

La grotte de l'Herm. — La grotte de l'Herm s'ouvre sur le versant septentrional du massif calcaire qui sépare le village de Pradières de la circonscription communale dont il a pris le nom. Ce n'est point une caverne présentant un couloir unique, mais un véritable labyrinthe composé d'un groupe de cavités distinctes, s'inclinant vers tous les points de l'horizon avec des niveaux différents, et reliées entre elles par une entrée commune.

Les stalactites, peu nombreuses d'ailleurs, n'y offrent aucun intérêt; mais la présence simultanée d'ossements diluviens et de fossiles marins fixés à la même place et occupant la même position qu'ils avaient prise sous les eaux, lui donne un caractère spécial et l'isole de toutes les grottes connues.

Afin de faciliter les recherches des excursionnistes qui, sur la foi de mon récit, seront tentés d'aller visiter la grotte de l'Herm, j'ai cru devoir attribuer à chaque cavité une dénomination différente, tirée des circonstances qui ont le plus frappé mon esprit. Ainsi je donne à la première le nom d'*Etable*, à cause de ses lourdes exhalaisons et de son guano ; j'applique celui d'*Ossuaire* à la seconde, parce que beaucoup d'ossements y ont été recueillis et qu'un grand nombre repose encore enfoui sous les couches stalagmitiques ; la troisième, peuplée de pétrifications marines, sera la galerie d'*Amphitrite* ; enfin, nous reconnaîtrons dans la dernière (partie droite) le cachot de *Tantale*, à la lueur de quelques rayons que la lumière extérieure lui envoie de la voûte, par une lézarde qu'on ne peut atteindre.

Je ferai cependant observer que ces caractères ne sont pas exclusifs, mais à ces précautions minutieuses, à cette multiplicité de jalons que j'élève sur notre route, le lecteur peut déjà pressentir l'importance des rivages où nous allons aborder !

Qui avait cependant entendu parler de la grotte de l'Herm, avant 1850 ? Jusqu'alors, elle avait soigneusement dérobé ses secrets à la science. Les paléontologistes, les physiologistes, dont elle a depuis agrandi le domaine, l'ignoraient complètement.

Mais nombreux sont ceux qui, dans la seconde moitié du XIXe siècle, ont interrogé ces monuments avec le marteau du géologue, et MM. Alzieu, Filhol, Rames, Garrigou, Pouech, Marty, etc. ont révélé aux savants de la France entière les richesses enfouies dans les entrailles de la montagne d'Ariège.

...Saluons d'abord quelques espèces végétales qui y ont établi leur demeure, jusque sur les limites de la réverbération solaire, et plaignons le sort de cette tribu exilée de saxifages dont le berceau, entouré d'opales, se balance parmi les flots argentés de nos sources... Le vestibule horizontal de la grotte semble se confondre un moment avec le méridien ; mais à peine a-t-on allumé les flambeaux que la route se bifurque. A gauche, un canal tortueux et irrégulièrement érodé vous mène au bord d'un escarpement qu'on ne peut franchir qu'à l'aide d'une échelle portative de vingt à vingt-cinq échelons, et au bas duquel s'enfonce l'*Etable* dans les plus horribles ténèbres. Du côté opposé s'ouvre un couloir rapide, humide, glissant, souillé d'excréments de chauves-souris, qui plonge dans l'*Ossuaire* et se continue, en arrière, en s'élevant par des pentes rocheuses plus escarpées et plus sales, pour se précipiter, en tournant à droite, dans la galerie d'*Amphitrite*, liée à son tour au cachot de *Tantale* par un boyau putéiforme.

La première de ces cavités, l'*Etable*, se développe vers le sud-est et parcourt, dans cette direction, une étendue d'environ quatre cents mètres. C'est la partie la plus majestueuse du groupe, à cause de l'élévation de sa voûte et de quelques colonnes *stalagmitiques* qui en tempèrent la nudité ; mais les émanations qui s'en échappent sont énervantes ; son profond encaissement s'opposant aux mouvements rénovateurs de l'atmosphère, les tièdes effluves des chauves-souris viennent de temps à autre nous inonder d'une vapeur incommode. La respiration et l'odorat se trouvent péniblement affectés, surtout à l'approche de leurs repaires, que de grandes taches noires, imprimées circulairement sur les cintres blanchâtres du calcaire, vous révèlent à chaque pas.

Ces animaux doivent avoir pris possession de cette demeure depuis bien des siècles, si on en juge par la quantité énorme de guano qu'ils ont fourni, durant plusieurs années, aux populations voisines, sans que cette précieuse substance ait pu être épuisée.

Il faut donc se sentir saisi par un motif puissant pour descendre dans l'*Etable*. Le laboureur et le géologue pourront s'y rencontrer quelquefois, l'un pour en tirer l'élément le plus fécondant de ses froides argiles, l'autre pour y chercher des preuves inédites de son histoire...

L'Ossuaire est une rotonde naturelle, surmontée d'une coupole. A son caractère sépulcral, on dirait que la nature n'a eu d'autre but, en le formant, que d'y conserver les restes de quelques-unes des anciennes puissances de la création.

Je n'y ai point vu de productions marines, mais son diluvium, composé d'un limon argilo-calcareux, rougeâtre ou blanchâtre, d'une grande ténacité, lorsque les matières animales ne l'ont pas transformé en terreau noir et friable, renferme une grande quantité d'ossements enfouis pêle-mêle avec des débris roulés de calcaire.

Avant moi, on y a recueilli des représentants de la charpente osseuse, soit dans les dépôts vaseux, soit parmi les fragments détachés d'une brèche incrustée au milieu d'un affouillement, qui n'est peut-être que l'ouverture du canal abyssique par lequel les eaux diluviennes sont rentrées dans la terre, entraînant à leur suite les matériaux qui l'ont comblé.

L'exhumation de plusieurs crânes qui donnent tous les degrés de l'âge, ont permis de conclure anatomiquement que ces dépouilles appartiennent à la grande famille des ours anté-diluviens, dont deux espèces au moins ont trouvé la mort dans cette caverne. On a souvent creusé le sol dans la pensée d'y découvrir d'autres animaux, mais l'espoir des géologues a été trompé, et leur bêche n'a remué que la cendre des ours.

L'ossuaire de l'Herm doit être considéré

comme un des plus beaux horizons géologiques du département ; auprès de lui se place naturellement la galerie d'*Amphitrite*, à cause de ses fossiles marins, représentants indestructibles d'une autre époque.

Nous connaissons la situation de cette troisième cavité, ainsi que le chemin qui y conduit.

Quand on est arrivé au niveau de son ouverture, on croirait qu'elle va se développer d'abord dans l'épaisseur du massif ; mais bientôt, étendant ses bras dans la direction opposée, elle les repose, à une égale distance, sur les deux extrémités d'une ligne qui mesure environ 150 mètres. Son argile diluvienne contient aussi des ossements ; cependant ce n'est qu'à ses fossiles marins qu'elle doit sa célébrité.

A l'extrémité supérieure d'*Amphitrite* s'ouvre, à gauche, un puits, du fonds duquel, un étroit conduit vous mène dans le cachot de *Tantale*, cavité moins vaste que l'*Ossuaire*, mais qui en reproduit la forme. Une lueur crépusculaire, descendant obliquement de la voûte, tombe, en s'affaiblissant, sur de larges draperies, tissus d'un calcaire blanchâtre, fantastiquement déployées autour de ses murailles.

L'imagination s'égarerait volontiers dans le dédale des transformations qu'elle ne manquerait pas de faire subir à ces objets, si des masses de guano ne venaient promptement détruire les illusions.

Hâtons-nous de revenir sur nos pas et de fuir la malédiction qui nous poursuit !

En atteignant les dernières limites de la caverne de l'Herm, nous sommes ainsi parvenus dans l'un des plus dégoûtants repaires de chauves-souris, hideux enfants de la nuit, et solitaires gardiens de ces tombeaux, qui renferment les dépouilles d'autres monstres noyés par le déluge !

*
* *

Abbaye de Boulbonne. — Avant d'entrer dans l'Ariège, le touriste doit s'arrêter pour visiter les célèbres ruines de l'abbaye de Boulbonne, qui fut longtemps le Saint-Denis des Comtes de Foix et dont l'histoire se rattache de la manière la plus intime à celle de notre pays. Situé entre l'Hers et l'Ariège et au confluent de ces deux rivières, on dirait, au premier abord, que le monastère est dans une ile ; mais on ne tarde pas à reconnaître son erreur.

A quelques pas du village, à peu près à égale distance des deux courants, le couvent s'élève sur un large plateau qui paraît être le prolongement et le terme de la plaine de Mazères. Mais, lorsqu'on descend sur les bords, du côté de Cintegabelle, on ne saurait rien apercevoir au-delà des flots, à cause de la quantité d'arbres qui croissent tout le long à une très grande hauteur. Cependant, si, avant de passer la rivière, on tient à voir l'édifice d'un point éloigné, d'où l'on en puisse bien saisir l'ensemble, si l'on veut, en même temps, jouir d'une vue immense, on n'a qu'à gravir la colline auprès de laquelle coulent les eaux de l'Hers ; du haut de ces sommets, le coup d'œil est ravissant ; on aperçoit à ses pieds les ruines pittoresques de l'abbaye, les flots des deux rivières qui se réunissent en bouillonnant, et dont on suit, au loin dans la campagne, les sinueux détours : plus loin, le village de Cintegabelle avec son clocher en pointe et son calvaire en amphithéâtre. La vaste plaine d'Auterive se déroule ensuite dans le lointain, et offre aux regards une longue suite de collines dont les croupes arrondies et élevées par degrés semblent servir de piédestal aux Pyrénées, qui dominent ce tableau de leurs sommets éblouissants...

Boulbonne n'était d'abord qu'une forêt immense ; une partie de ce bois passa de la maison de Carcassonne dans celle de Foix ; il s'y forma une abbaye, qui fut comblée de libéralités par le comte Roger-Bernard IV et dont l'église fut consacrée au mois de mars 1198. Simon de Montfort s'arrêta dans ce monastère, quelques jours avant la bataille de Muret ; Philippe-le-Hardi l'honora de sa royale présence, quand il vint déclarer la guerre aux

Comtes de Foix. Les Calvinistes le détruisirent en 1567. Les moines se retirèrent alors à Toulouse, au collège de Boulbonne et y demeurèrent jusques en 1662, époque à laquelle on construisit une nouvelle abbaye, au lieu de Tramesaygues, peu distant de l'endroit où était l'ancien monastère.

C'est sur ces mêmes rivages, si longtemps consacrés par les travaux de leurs prédécesseurs, que ces solitaires vinrent retracer la pieuse bienfaisance, la vie austère et cachée des premiers religieux. Leur retour fut un sujet de joie pour les pauvres habitants des campagnes voisines, qu'on vit bientôt accourir en foule aux portes de la nouvelle abbaye, demandant le pain dont on avait autrefois nourri leurs familles. Le malade visité sur son grabat, sentit renaître l'espérance, et le voyageur sans asile, reprit courage à la vue de ces murs hospitaliers...

Pour ces bons solitaires, ils partageaient leur journée entre la prière, l'étude et le travail des mains. On les voyait souvent, à ce que racontent les vieilles gens du pays, courbés sur le hoyau, pelleversant d'un bras vigoureux les terres qui entourent le couvent. Les plus habiles fermiers des environs auraient pu s'instruire à leur école, tant ils étaient habiles à manier l'outil et à tirer parti des lieux les plus arides. Aussi, grâce à leurs travaux, l'enclos de Boulbonne devint en peu de temps un lieu enchanté. Sur ce terrain jonché de cailloux, qu'on avait cru jusqu'alors rebelle à la culture, la vigne étalait de vigoureux rameaux. Là de bourbeux marécages s'étaient changés en un sol gras et fertile, et leurs eaux habilement dirigées, portaient la fraicheur dans ces mêmes lieux qu'elles couvraient naguère de vapeurs et de brouillards fétides. Ici se déroulait une vaste prairie, plus loin était une moisson, et tout autour du monastère des vergers éblouissants de l'éclat des fleurs, de la verdure et des fruits. Partout une végétation vigoureuse, marque certaine d'un travail opiniâtre et assidu. Il n'y avait pas jusqu'au bord des deux rivières, auparavant hérissés de rochers et de broussailles, qui n'offrissent le plus riche coup d'œil. Des arbres de toute espèce y mêlaient leur feuillage et dérobaient à la vue l'intérieur des terres où les religieux se livraient à tous les exercices, loin du bruit et des regards.

C'est sous ces dômes de verdure, sous ces portiques ombragés qu'ils venaient exécuter quelquefois une pieuse mélodie, quand le soleil, descendu sur l'horizon, avait donné le signal du repos et de la prière. Tous les rivages retentissaient alors du chant des cantiques, et l'hymne de paix mourait insensiblement avec les derniers feux du jour...

Aussi n'est-il pas étonnant que Boulbonne fut devenu le rendez-vous de tout ce qu'il y avait de promeneurs aux environs. Les dimanches et les jours de fête surtout, le concours était grand à l'abbaye. Les pauvres et les nécessiteux n'étaient pas les seuls qui s'y rendissent ; on y voyait de riches fermiers avec leurs dames se mêler à la foule des villageois. On se promenait à l'ombre le long des eaux, on se couchait sur l'herbe ; les jeunes gens folâtraient dans les allées, tandis qu'un cercle de bons vieux faisait mousser à l'écart le petit vin du pays en attendant l'heure des offices...

Telle était l'abbaye de Boulbonne dans les heureux siècles qui suivirent sa fondation. Mais là, comme partout ailleurs en France et dans le monde entier, l'Eglise d'abord amie des humbles et des pauvres, devint bientôt la grande persécutrice, la grande intolérante ; aussi lors de la Révolution le monastère fut-il envahi, pillé, incendié. Les religieux durent s'enfuir, au premier cri de la révolte, au milieu des vociférations et des menaces, et les paysans, maîtres de la bâtisse séculaire, construisirent avec les matériaux qui provenaient de la vaste ruine plusieurs maisons du voisinage. Les corniches, les frises, les dorures, les marbres, les colonnes, les boiseries, les sculptures de tout genre servirent à décorer l'intérieur de ces nouvelles demeures.

...Cette cour si propre, si belle autrefois avec son jet d'eau et son élégant bassin de marbre, qu'ombrageait une touffe de verts sapins, n'offre plus qu'un aspect lugubre ; les cerisiers et les amandiers sauvages y poussent de tous côtés leurs rejetons ; l'herbe noire et épaisse a étouffé les bordures des graminées, et la rouille des décombres a remplacé le sable fin et doré... Qui ne s'est senti ému en contemplant ce mur le long duquel serpentait encore de légères colonnes surmontées de leurs arceaux gothiques?... Il n'est pas une muraille, pas un bloc de pierre où les marques de la fureur ne soient empreintes. Ici sont des statues défigurées, là des marbres tout hérissés de ronces et d'herbes sauvages ; partout une terre que l'on dirait avoir été bouleversée jusques dans ses entrailles et dont la surface inégale et raboteuse offre l'image des tombeaux. Des corniches, des chapiteaux, des pilastres enfouis, des enfoncements qui semblent désigner l'emplacement d'un autel ou d'une chapelle, voilà tout ce qui subsiste de l'ancienne église. Tous les soirs, les troupeaux de la ferme voisine viennent brouter l'herbe qui croît aux lieux où fut le sanctuaire, tandis que le rustique gardien s'endort nonchalamment au milieu de ces débris sacrés...

⁂

Mazères. — Ancienne résidence des comtes de Foix, patrie de Gaston de Foix, le vainqueur de Ravenne, la ville de Mazères, fondée en l'an 1251, est très régulièrement construite sur la rive gauche de l'Hers. De beaux boulevards, plantés d'arbres, ont remplacé les anciens fossés comblés en 1643 par ordre de Richelieu et cette ceinture de verdure lui donne des allures de petite capitale. L'évêché de Mirepoix, supprimé en 1801, avait à Mazères son séminaire, dont les murs de soutènement des immenses jardins dominent encore la rive gauche du fleuve. Quant à l'ancien château des comtes de Foix, détruit en 1493 par un incendie, il ne reste plus guère que les fondations d'une tourelle et quelques pans de mur. C'est ainsi que la rue qui y mène s'appelle la rue Castellane et garde quelques vieilles masures avec fenêtres à meneaux, tourelle octogone et tourelle ronde en cul de lampe : en outre tous les petits carrés de jardins qui dominent les pentes de l'Hers sont clôturés avec des ruines, et les substructions épaisses qui percent le sol çà et là ont fourni d'énormes quantités de matériaux. La plate-forme nue est toujours d'ailleurs le *Château des Comtes ;* on dit merveille des souterrains qui ne manquent pas de s'y engouffrer pour serpenter sous la ville, et l'on n'a pas oublié le moulin à poudre qui prépara jadis de si retentissantes volées au vicomte de Calmont, au maréchal Montluc, et dont les derniers feux s'éteignirent sous la main de Richelieu.

C'est là, dans ce château, qui lui servait de résidence ordinaire, que le célèbre Gaston Phœbus reçut, en 1389, le roi Charles VI, auquel il offrit de magnifiques présents, tant en chevaux qu'en objets divers et précieux :

« J'ai lu dans l'histoire qu'au mois de février 1389, le roi Charles VI partit un jour de la riche et notable cité de Toulouse, où il avait passé près de quatre mois dans les réjouissances, pour aller visiter, non loin de là, son beau cousin le comte de Foix.

« Grand et magnifique était ce comte, qui avait nom Gaston Phœbus, et le roi s'en aperçut bien, comme vous allez voir. Le comte habitait alors la château de Mazères, où il menait un train de monarque, ayant autour de lui nombreuse chevalerie, et se livrant avec elle au plaisir de la chasse qu'il aimait avec passion.

« Or, il arriva que le roi Charles, en chevauchant avec sa suite vers le château du comte, rencontra sur sa route deux vaches blanches comme la neige, que conduisait un jeune et beau montagnard. Ces vaches étaient des plus belles et des plus grasses qui se puissent voir; leurs mamelles pendantes étaient gonflées de lait, et elles portaient autour du cou un riche collier avec des sonnettes d'argent. Le pâtre avait la démarche agile et fière ; il était vêtu à la mode du pays, mais ses sandales semblaient être faites de la plus fine peau de daim ; ses manches bouffantes étaient taillées avec élégance, et son bonnet de laine brune pendait avec grâce sur son oreille.

— Holà, l'ami, dit le roi, où allez-vous avec ces deux vaches ?

— Au château du comte notre maître, répondit le jeune homme, en ôtant son bonnet d'un air respectueux.

— Vous avez là de bien beau bétail, dit le duc de Touraine, frère du roi, qui chevauchait à la droite de Charles.

— Pas si beau que vous croyez, monseigneur ; vous en verriez bien d'autres dans nos montagnes.

« Et, en parlant ainsi, le pâtre désignait du doigt les Pyrénées dont les cimes bleuâtres se dessinaient à l'horizon.

— Et y a-t-il aussi dans ces montagnes beaucoup de jeunes gens comme vous ? ajouta le duc d'Orléans, autre frère du roi.

— Vous me paraissez des chevaliers du Nord, messieurs, répondit le bouvier d'un ton dégagé, et vous ne connaissez pas la jeunesse du pays de Foix. Je suis un des plus faibles et des plus pauvres de ma vallée, et le comte, notre noble sire, peut mettre sur pied, au premier son de sa trompette, plus de vingt-mille vilains comme moi.

« En parlant ainsi, le jeune pâtre fit tourner autour de sa tête le long bâton armé d'une pointe de fer qui lui servait d'aiguillon, et, le lançant de toute la force de son bras contre un jeune ormeau qui ombrageait le bord de la route, la pointe traversa l'arbre de part en part et ressortit encore de l'autre côté.

— Par Notre-Dame ! dit le roi, tu es un vigoureux gaillard ; veux-tu entrer à mon service ?

— Pas même au service du roi, dit le jeune homme. Je sers le comte Gaston, et c'est un bon maître ; je ne veux point le quitter.

— Eh bien donc ! dit le roi en donnant de

l'éperon à son cheval, hâtons-nous d'aller voir ce noble seigneur qui a des serviteurs si fidèles.

« La suite du roi partit au galop avec lui, et laissa le montagnard bien loin derrière elle. Les voyageurs n'eurent pas fait cent pas, qu'ils rencontrèrent deux autres vaches, plus belles que les premières, conduites par un pâtre plus âgé. Celui-ci chantait d'une voix forte une chanson de guerre et d'amour, quand il fut rejoint par la royale cavalcade.

— Où menez-vous ces deux vaches, l'ami ? lui dit encore le roi.

— Au château du comte mon maître, répondit le bouvier, en s'inclinant comme le premier.

— Et d'où vient qu'elles portent des sonnettes d'argent ? dit le duc de Touraine ; cela me paraît bien magnifique pour un pauvre pâtre comme vous.

— Toutes les vaches du comte Gaston de Foix portent de pareilles sonnettes, messeigneurs, et les fers des chevaux de son écurie sont du même métal.

— Voilà un vassal plus riche que son suzerain, reprit le roi ; je vois que la renommée ne point trompé. Mais qu'y a-t-il devant nous sur la route ? J'aperçois un nuage de poussière et j'entends des mugissements.

— C'est le reste du troupeau, sire chevalier, répondit le pâtre ; je vais leur dire de se ranger pour vous laisser passer.

« Au même instant, le montagnard saisit un cor qui pendait à son côté et en tira des sons harmonieux et puissants, qui retentirent dans toute la plaine comme ceux de Roland à Roncevaux.

— Ce manant sonne du cor comme un chevalier, dit le duc d'Orléans à son frère. Mais gouvernons bien nos chevaux, car cet innombrable troupeau pourrait les effrayer.

« La route était en effet, bordée à perte de vue par de longues files de vaches blanches, absolument semblables à celles qu'ils avaient déjà vues, et dont les sonnettes rendaient un son clair et agréable. Presque tous jeunes et alertes, les pâtres couraient de toutes parts pour forcer le troupeau bondissant à se ranger sur deux lignes. D'énormes chiens de montagne, au poil long, épais et fort, les aidaient à remplir cet office. Les aboiements des chiens, les cris des bergers, les beuglements des bestiaux, le bruit des sonnettes retentissaient au loin. De rauques cornemuses jouaient en même temps des airs champêtres, et ce spectacle pittoresque enchantait le roi pendant qu'il passait, à la tête de son cortège, au milieu du tumulte.

— Voyez donc, disait-il à ses frères, il y a plus de mille vaches, pardieu ! Et ces bergers, comme ils ont l'air noble et le regard fier ! On dirait des seigneurs de haute race, sur ma foi. Mais qu'est ceci ? holà ! gardez-vous.

— Le taureau ! le taureau ! crièrent vingt voix à la fois. Sauvez le roi !

Un énorme taureau venait de se détacher d'un groupe, et les naseaux fumants, les cornes baissées, il se précipitait sur le cheval du roi. C'en était fait de Charles, quand un des pâtres, s'élançant brusquement au devant de lui, saisit le taureau par les cornes et le renversa d'un seul effort, aux pieds du prince. Le taureau se releva deux fois, et deux fois il fut terrassé par son formidable adversaire, qui semblait se jouer de sa fureur. Enfin, un des chiens se jeta sur le féroce animal, et, se suspendant à son oreille, le ramena honteux et vaincu au milieu du troupeau.

— Merci, brave homme, dit le roi, tu m'as sauvé la vie, et je te dois une récompense.

— Remerciez le comte de Foix lui-même, dit le montagnard, car le voici.

« Charles était arrivé, sans s'en apercevoir, à la porte extérieure du château de Mazères. Le comte en sortit tout à coup, monté sur un superbe coursier, et environné d'une suite brillante. Il descendit de cheval en voyant le roi et mit un genou à terre pour tenir l'étrier à son suzerain.

— Vous êtes le bienvenu, monseigneur, dit le comte avec courtoisie. Vous plait-il entrer dans la demeure du pauvre seigneur de ces montagnes ?

— Si ferai volontiers, beau cousin, répondit Charles ; mais laissez-moi d'abord admirer à mon aise ce magnifique troupeau. Je ne vis oncques tant de belles vaches et de si beaux gardiens.

— C'est une pompe bien agreste pour un puissant monarque, répondit le comte en souriant ; mais je ne suis qu'un chef de bergers, et je ne puis vous montrer que les richesses d'un berger. Les armes de Béarn sont deux vaches de gueules acornées, accolées et clarinées d'azur.

« Le comte Gaston était un des plus beaux hommes de son temps. Il portait toujours la tête nue, avec les cheveux longs et flottants. La noblesse de son port, la beauté de ses traits, la richesse de ses vêtements frappèrent d'admiration le roi Charles, qui le considéra quelque temps avec une sorte d'envie.

— Pour un chef de bergers, beau cousin, vous avez le parler bien courtois et la mine bien glorieuse. Mais où sont vos chevaliers si vantés ? Je n'en vois aucun autour de vous.

— Je n'en ai pas d'autres que ceux-ci, dit le comte en désignant du doigt les pâtres qui les entouraient, appuyés sur leurs aiguillons.

— Vous voulez gaber, sire comte, répondit Charles ; mais je veux savoir si vous avez dit vrai. Approche, jeune manant, et dis-moi ton nom.

— Ivain, bâtard de Foix, répondit le jeune homme.

— Ah! Ah! Et toi?

— Le sire de Corasse, sire.

— Et toi?

— Le chevalier Espaing du Lyon.

— Et toi, l'ami, qui m'as sauvé du taureau furieux?

— Je suis le bâtard d'Espagne, monseigneur.

— On m'a conté, dit le roi, qu'un jour de Noël, le comte de Foix que voici était avec tous ses chevaliers dans une grande galerie où il faisait grand froid. — Voici bien petit feu pour la saison, dit le comte. — Alors le bâtard d'Espagne, qui était là, descendit dans la cour du château, prit dans ses bras un grand âne chargé de bûches qui passait dans la cour, monta légèrement les degrés, ouvrit la presse des chevaliers qui étaient devant la cheminée, et jeta l'âne avec les bûches, les pieds en dessus, dans le feu.

— Est-ce toi qui as fait le tour, l'ami berger?

— Oui, monseigneur, c'était moi, répondit en riant le bâtard d'Espagne.

— Par Sainte-Marie, s'écria Charles, vous avez là des bouviers qui sont de bonne maison, mon cousin. Nous en parlerons en chambre, avec les dames, quand nous serons de retour à Paris. L'hospitalité du comte de Foix est noble et gracieuse ; nous nous en souviendrons. Entrez avec nous, chevaliers, et goûtons ensemble le vin de notre gentil vassal.

« Les nobles seigneurs, qui s'étaient déguisés en pâtres pour préparer à leur souverain cette ingénieuse réception, se mêlèrent alors à la suite du roi et entrèrent avec elle dans la vaste cour du château. Comme la nuit était venue durant l'entretien, les torches brillaient de toutes parts et se réfléchissaient sur la cuirasse des hommes d'armes qui remplissaient les corridors et les escaliers.

— Qu'est ceci? dit le roi, en voyant cent chevaux richement caparaçonnés, mais sans cavaliers, que de jeunes pages tenaient par la bride.

— Ce n'est rien, dit le comte, ce sont des chevaux nés dans mes haras des montagnes, que votre vassal vous prie d'agréer en don, ainsi que les vaches que vous venez de voir.

— Et les bouviers en sont-ils? demanda le roi avec un sourire.

— Ils sont à vous depuis longtemps, monseigneur, ainsi que moi leur suzerain, répondit le comte avec respect, éludant ainsi la question embarrassante du monarque.

— Il vaut mieux entrer ici en ami qu'en ennemi, reprit le roi en regardant la forte enceinte de murailles qui entourait le château, avec son accompagnement habituel de tours, de créneaux, de ponts-levis et de meurtrières.

— S'il faut jamais les défendre contre vos ennemis, répondit le comte avec la même adresse, ceux qui sont aujourd'hui des bergers timides deviendront d'invincibles chevaliers. Le haubert et la cotte de mailles remplaceront pour eux le bonnet et la veste du montagnard.

« En parlant ainsi, ils montèrent le perron et entrèrent dans une salle immense, où le banquet était servi avec une magnificence extraordinaire. De tous côtés brillaient des armures suspendues aux murs. Derrière chaque siège de la table royale se tenait debout un homme d'armes qui élevait une torche dans sa main. Le roi s'assit, et le banquet commença. Pas n'est besoin de dire que les bouviers du comte en eurent les honneurs.

« Ainsi arriva le roi Charles VI au château de Mazères, et telle fut la réception qui lui fut faite par Gaston-Phœbus, comte de Foix.

C'est dans la ville de Mazères que naquit, le 12 décembre 1489, de Jean de Foix et de Marie d'Orléans, sœur de Louis XII, l'illustre Gaston de Foix, duc de Nemours, qui conduisit avec une si héroïque impétuosité la campagne d'Italie et qui périt vainqueur à la bataille de Ravenne, le 11 avril 1512.

Pendant les luttes religieuses, tour à tour au pouvoir des catholiques et des protestants, Mazères éprouva tous les malheurs de la guerre civile. « Mazères, dit une ancienne histoire, étant une ville de guerre assez forte, et en belle commodité, a été, en ces guerres, soigneusement recherchée par le parti contraire ; mais y faisait mal aller, car elle était garnie de soixante à soixante-dix maîtres libres, mangeant leur pain chez eux, sans solde ni étiquette, et d'une belle compagnie de hargoulets ou carabins, avec une troupe leste d'escopetterie ; de sorte que la compagnie étant assemblée se battait fort librement avec telle autre qu'on eût voulu. »

Quoique déchue de son antique splendeur, Mazères est une des plus remarquables villes de l'Ariège ; ses rues sont larges, bien bâties et d'une parfaite distribution ; grâce à la fertilité du sol, il y règne une douce aisance dans toutes les classes de la population.

***

Foix. La ville et le château. — Par sa position géographique, la ville de Foix était toute indiquée pour servir à un établissement militaire, où l'art pouvait mettre à profit les ressources offertes par la nature. Comme à tant d'autres cités qui ont joué un rôle historique dans la période médiévale, on n'a pas manqué d'attribuer au chef-lieu de l'Ariège, une origine fabuleuse. L'imagination populaire n'est pas responsable de l'invention; le récit des premiers temps de l'histoire ariégeoise est dû aux érudits de la Renaissance. Les chroniqueurs du pays se sont piqués d'amour-propre; ils n'ont pas voulu se montrer moins savants que ceux des autres régions, ils ont tenu à ce que leur patrie ne le cédât à aucune autre sous le rapport de la noblesse et de l'ancienneté. Eux aussi ont cherché à remonter à l'antiquité classique, ils ont assigné pour aïeux aux habitants de la vallée de l'Ariège les Phocéens d'Ionie, venus à Marseille sous la conduite de leur général Pyrène, qui laissa son nom aux montagnes où il vint ensuite se fixer. (MM. Pasquier et Roger.)

Delescazes a recueilli fidèlement cette tradition en prenant soin, ajoute-t-il, de rejeter « les opinions frivoles fondées sur des bagatelles et des fictions poétiques. » Il a même entrepris des dissertations étymologiques, archéologiques et héraldiques. « Les Foixiens, dit-il, prennent leur nom et leur origine de ces premiers Phocéens, sans autre différence que la seule orthographe corrompue par succession de temps. »

Pour lui, ces mêmes Phocéens « jetèrent les fondements non seulement de la ville de Foix, mais aussi du château y joignant et contigut, par eux construit sur la cime (merveille de la nature) d'un seul roc escarpé de toutes parts, hautement relevé, inexpugnable, et qui porte d'assez amples témoignages de son antiquité dans la vieillesse de ses forteresses. »

Quant aux trois pals qui figurent sur les armoiries des comtes et de la ville, ils ne seraient qu'une déformation du trident de Neptune, arboré jadis dans leur écusson par les Ioniens, peuple maritime de la Grèce.

Delescazes était un savant; si telle était sa critique, on peut se faire une idée de ce que devaient être en matière d'histoire les connaissances de ses contemporains.

Dès l'époque romaine, il devait certainement exister en cet endroit un poste fortifié, des monnaies et plusieurs objets de la période impériale, trouvés à diverses époques sur le plateau, en sont la preuve. Mais le nom de Foix n'apparaît dans l'histoire qu'à l'occasion du martyre de Saint-Volusien, archevêque de Tours, qui avait encouru la disgrâce d'Alaric pour s'être montré favorable aux Francs. Exilé à Toulouse, il fut entraîné, en 507, par les Wisigoths lorsque, poursuivis par les armées de Clovis, ils s'enfuyaient vers l'Espagne. « Mais estant entre Pamiers et Varilhes, au lieu de couronne appelé *Ville-Peyrouse*, lisons-nous dans la légende, ils lui tranchèrent la tête et le martyrisèrent; par après les lances de ceux qui lui avaiént tranchée la teste, devinrent arbres de fresne tout verds, ainsi que encore se voit au mesme lieu qui, depuis, par la vertu divine, ne sont peus mourir. La nuit suivante, par révélation d'un ange envoyé de la part de Dieu, feut révélé à deux sainctes religieuses en l'église de Saint-Jean-de-Verges, qu'elles allassent en la ville de Foix dire au peuple chréstien et aux clercs et prestres qu'ils apportassent ensevelir le cors sainct en l'église de Foix, ce qui feut fait. Il y eut opposition par ceux de Pamiers, tellement qu'il feut mis sur une charrette tirée par deux bœufs indomptés qui l'apportèrent miraculeusement en l'église de Foix. Les rochers se séparèrent; les roues de la charrette s'enfoncèrent dans le rocher, et les pieds des bœufs paraissent en icelle, ainsi qu'il se void clairement au-dessous de Foix, sur le grand chemin, aux rochers du Pas-de-las-Laties. La rivière de la Riège deseicha et fit chemin ; il rendit la veüe aux aveugles, guérit les démoniaques et fit plusieurs autres miracles qu'il serait trop long de raconter. Le sainct et glorieux Volusien reposa en l'église de Foix, l'an de Notre-Seigneur 519, laquelle église est fondée en l'honneur de saint Nazaire, qui fut martyrisé par Néron, empereur romain, du temps que saint Pierre et saint Paul furent martyrisés. » Il est donc à présumer que Foix avait déjà quelque importance et qu'il devait exister bien avant l'établissement du christianisme dans cette partie des Gaules.

L'histoire de la ville et du château ne commence qu'avec celle des comtes. Le premier seigneur qui ait porté le titre de comte de Foix est Bernard-Roger, fils de Roger-le-Vieux, comte de Carcassonne. Ce dernier, en l'an 1002, fait un testament par lequel il partage ses domaines entre ses trois fils; à

Bernard, il laisse la terre et le château de Foix. C'est le premier document où l'on trouve la preuve authentique de l'existence du monument. Pendant les onzième et douzième siècles, aucun fait ne le signale à l'attention des chroniqueurs. Durant cette période, les comtes tiennent à faire preuve de leur piété, qui se manifeste par des dons aux églises. Ils constituent au profit de l'abbaye de Saint-Volusien, un vaste domaine autour de la ville et dans la vallée supérieure de l'Ariège. Le 18 janvier 1111, le comte Roger II fait transférer en grande pompe, dans une nouvelle église, les reliques du saint patron de la cité, qui reposaient dans une dépendance du château.

A la fin du douzième siècle, la ferveur des comtes se ralentit ; comme les autres grands seigneurs du Midi, ils adhèrent à l'hérésie albigeoise et encourent les foudres de Rome. La croisade est prêchée contre les partisans des doctrines nouvelles. Avec les comtes de Toulouse, leurs suzerains et leurs alliés, les comtes de Foix sont les plus énergiques et les plus vaillants soutiens de la cause méridionale. Quand, après la défaite de Muret en 1213, le Languedoc et l'Aquitaine se soumettent aux gens du Nord, quand Raymond VI de Toulouse renonce à la lutte, les comtes de Foix prolongent la résistance ; la légende évoquant leur souvenir, les représente comme les derniers défenseurs de la *Patrie Romane*. Victor Balaguer, le grand poète de la Catalogne, a composé une trilogie pour rappeler ces glorieux événements ; une des parties du drame se passa au château de Foix *(Tragedias lo compte de Foix)* où le comte donne le signal d'une prise d'armes contre les Croisés.

Dans une de ses plus belles compositions lyriques, le poète inspiré par la vue du château de Foix qu'il visita au mois d'août 1890, communique ses impressions. Se faisant l'écho des vieilles traditions, auxquelles il donne corps en les fixant dans ses vers harmonieux, il montre quel retentissement produisit dans les régions méridionales, des Pyrénées au Rhône, la défaite des comtes de Foix.

Les tours du château, que n'habitent plus les vivants, sont en certaines circonstances hantées, la nuit, par les ombres des morts. C'est là que se réunissent chevaliers, troubadours et gentes damoiselles, et tous ceux qui, pendant la résistance suprême aux envahisseurs du Nord, se distinguèrent à un titre quelconque.

Par la pensée, le poète se transporte à l'un des nocturnes rendez-vous où il est témoin de faits extraordinaires :

« *Au bord de l'Ariège, rivière roulant l'or*
« *dans ses ondes, se dressent les murailles*
« *d'un château qui, un jour, lutta contre*

« *les rois et les papes ; autrefois séjour ai-*
« *mable d'honneur et de courtoisie, aujour-*
« *d'hui ce n'est plus qu'un souvenir. Déman-*
« *telées, ses tours gisent sur les pentes d'é-*
« *pouvantables abîmes, qui jadis servaient*
« *de fossés et de remparts au château. C'est*
« *le lieu où se rassemblent en foule pressée,*
« *les spectres des morts non vengés.* »

C'est là que le dernier des troubadours de la montagne exhale, en paroles emportées par le vent, sa dernière ode. Elle est touchante la plainte du troubadour qui voue à l'exécration Montfort et sa troupe, famélique comme une bande de loups ; le chanteur rappelle la prise de Montségur, dernier bûcher de la Patrie Romane dans les flammes duquel périrent ses héroïques défenseurs, ceux qui osèrent braver les foudres du Louvres et du Vatican. Un cri de mort se fit entendre alors, la montagne en tressaillit et en tressaille encore. *Cal mori*, il faut mourir ; tel est le cri qu'en cette horrible circonstance jeta le comte de Foix du haut de son château de pierre où on l'a enseveli vivant.
« *Ce cri, il l'adresse au monde, au ciel, aux*
« *générations présentes et futures. Provence*
« *et Pyrénées l'ont entendu, quand elles*
« *apprirent la perte de cette fille si belle ;*
« *Provence et Pyrénées portent le deuil du*
« *monde latin. Le jour où tombèrent ceux*
« *de Foix, tomba aussi la Provence !* »

Commencé sur un accent de haine, le chant peu à peu s'adoucit, finit par un appel à des jours meilleurs et annonce la renaissance de la Patrie Méridionale. Au moment où le troubadour se tut, les ombres disparurent et le soleil répandit ses premières lueurs sur les sommets des montagnes.

C'est sous cette forme éclatante que Balaguer a présenté la légende qui rappelle le rôle joué par Foix, ses comtes et son château, pendant la guerre des Albigeois (MM. Pasquier et Roger). En 1210, Foix résiste à Simon de Monfort ; en 1272, alors qu'après la mort du comte Alphonse de Poitiers et de sa femme Jeanne de Toulouse, le Languedoc venait d'être réuni à la couronne de France, le comte de Foix, enhardi par la situation avantageuse de son château, osa défier le roi, Philippe-le-Hardi, contre lequel il s'était révolté. Mais après une résistance des plus longues et des plus opiniâtres, devant les énormes préparatifs que le roi de France crût devoir faire pour emporter d'assaut la forteresse, le comte de Foix se sentit ébranlé dans sa confiance ; il comprit que le roi serait ferme dans ses desseins de conquête ; aussi, désespérant de sa cause, Roger-Bernard, vint trouver, le 5 juin, son vainqueur, s'agenouilla devant lui et fit acte de soumission. Le roi, sans ménagement, le fit garroter et conduire prisonnier à Carcassonne dans une tour de la cité.

A propos du siège de l'an 1272, il s'est formé une légende dans le pays de Foix : on raconte que Philippe-le-Hardi fit rassembler sous les murs du castel un grand nombre d'hommes, non pas pour dégager les abords de la forteresse, mais pour saper le rocher en enlevant de gros blocs et en creusant des galeries. « Néanmoins on se mit à l'œuvre ; de vastes quartiers de pierre étaient déjà renversés, et le rocher commençait à surplomber d'un côté, lorsque le comte effrayé songea à se soumettre et à requerrir merci. » Cette tradition se perpétue, se reproduit dans chaque notice descriptive. On montre même aux visiteurs crédules sur les flancs abrupts du rocher, non loin de l'Arget, les traces d'entailles faites par les assiégeants. Il est bien plus simple, et bien plus probable, d'attribuer la reddition du château à l'idée que Roger-Bernard s'était faite de son impuissance.

A partir du quatorzième siècle, le château s'il cons[illegible] sa valeur stratégique, n'a plus la même importance, car Foix n'est plus l'unique capitale des comtes qui viennent d'augmenter leur puissance, en héritant du Béarn, de la Bigorre, du Marsan et de grands domaines en Catalogne ; ils sont obligés de se transporter et de s'arrêter là où sont engagés leurs intérêts. Pau, Orthez et Mazères où Gaston Phœbus reçut le roi Charles VI en l'an 1389, font tort à Foix.

Durant le XVIe siècle, la ville et le château, pris et repris par les catholiques et les religionnaires, eurent encore beaucoup à souffrir des violences des deux partis, et depuis, jusqu'à la Révolution, jamais les efforts persévérants des consuls et des gouverneurs ne réussirent à faire disparaître les traces des désastres et à rendre leur ancienne splendeur aux institutions relevées. De nos jours seulement l'Etat voulut bien tenir compte des sacrifices que s'était imposés le département pour la restauration des murailles démantelées et des tours détruites. Les travaux ont commencé, en 1887, sous la direction de M. Della Jonga, architecte départemental ; ils restent interrompus depuis 1893.

***

Le château de Foix est formé de trois grandes tours gothiques, construites en pierre de grés, dans la direction du nord au midi, à peu de distance l'une de l'autre, et s'élevant à une hauteur assez considérable sur le rocher isolé qui borne la ville à l'ouest ; on dirait trois géants placés sur ce roc pour défendre l'entrée des montagnes. Deux de ces tours sont carrées, et la troisième est ronde ; celle qui se trouve le plus au nord a été fondée sur des substructions et annonce par son antique physionomie qu'elle fût bâtie à une époque reculée, que quelques archéologues font remonter au règne de Dagobert, sans que l'on sache trop sur quelle autorité l'on s'appuie pour lui assigner cette date. La seconde tour, quoiqu'elle ne paraisse pas aussi antique, existe encore depuis fort longtemps. La tour ronde, bien moins ancienne que les deux autres, a été construite dans le XIIe siècle ; c'est la plus remarquable des trois.

C'est dans ce manoir qu'habitaient ces fiers comtes de Foix, dont l'histoire se trouve mêlée à l'histoire des personnages les plus héroïques. Si on remonte le cours des âges, on les voit en Espagne combattre à côté du Cid, et en Palestine disputer le prix de la vaillance à Tancrède et à Godefroi de Bouillon ; en Italie, Gaston de Foix, digne émule de Bayard, meurt au sein de la victoire, et les derniers regards de ce héros de vingt-trois ans virent fuir dans les champs de Ravenne les ennemis de la France. Mais le plus puissant et le plus redoutable des comtes, ce fut Gaston-Phœbus, dont la chevaleresque figure, embellie par de poétiques légendes, brille du plus grand éclat dans l'histoire de ces temps. « Le comte avait cinquante-neuf ans (en 1388), dit Froissart, beau, belle forme, belle taille, air riant, le regard vert et amoureux ; sage chevalier était, et de haute entreprise et de bon conseil. Il fut prudhomme en l'article régner. Il était connaissable et accointable à tous les yeux, et amoureusement parlait à eux. Il était bref en ses conseils et en ses dépenses ; il avait quatre secrétaires pour écrire et récrire. Oncques n'aima fol outrage ne folle largesse, et voulait savoir tous les mois ce que le sien devenait.

Il avait douze receveurs qui servaient tour à tour, de deux en deux, et leur service était de deux mois. Il avait un contrôleur, à celui-ci les autres rendaient leurs comptes, et celui-ci à Gaston comptait par rôles et livres écrits, et ses comptes laissait par devers lui. Il avait grand foison de florins et en avait bien par trente fois cent mille; n'était an qu'il n'en donnât soixante mille aux étrangers chevaliers, écuyers, héraults et ménestriers.

« Tous les jours fesait donner cinq florins d'aumônes à sa porte, en petite monnaie. Il se découchait à haute none, dînait au soleil couchant et soupait à minuit. Quand, de sa chambre, à minuit, venait pour souper dans la salle, devant lui avait douze torches allumées; et icelles douze torches étaient tenues devant sa table. Nul ne parlait à lui, à sa table s'il ne l'appelait. Il mangeait, par coutume, foison volailles, et, par spécial, les ailes et les cuisses tant seulement, et le lendemain petit mangeait et buvait. »

On a peine à concevoir comment les revenus du comte suffisaient à ses dépenses. Il a rebâti l'église de Lescar, édifié ou réparé les châteaux d'Orthez, de Pau, de Sauveterre, de Mazères, de Montaner, de Mont-de-Marsan, de Montaut, de Ganac, de Foruez, de Caybard, de Dembres, etc, etc. Il ne greva jamais ses sujets, il les laissa dans l'aisance; en mourant, son héritier trouva un trésor dans ses coffres. Froissart nous donne l'explication de ces faits en nous montrant, dans les lignes qui précèdent, la vigilance de Gaston-Phœbus dans l'administration de ses biens.

Ses équipages étaient magnifiques; ses écuries ne nourrissaient pas moins de deux cents chevaux, la plupart destinés à la chasse; il avait seize cents chiens. Ses levriers étaient les plus légers et les plus beaux de toute la chrétienté; et ses chiens pour le cerf, le daim, le sanglier, le loup et les grands ours des Pyrénées, les plus forts et les plus courageux; du reste, Gaston était très soigneux d'avoir de nouvelles espèces de chiens et de perfectionner celle qu'il possédait. Il en faisait venir de tous pays. Froissart lui amena d'Angleterre quatre levriers dont il nous a conservé les noms : *Tristan*, *Hector*, *Brillant* et *Roland*. Tous les oiseaux de fauconnerie étaient aussi élevés au château de Foix. Gaston a écrit un traité sur la chasse, avec ce titre : *Miroir de Phœbus, des déduits de la chasse des bestes sauvaiges et des oyseaux de proie, par Gaston-Phœbus de Foix, seigneur de Béarn.*

Le château de Foix était le rendez-vous de tout ce qu'il y avait en Europe de puissants seigneurs, de preux chevaliers, de gentes damoiselles, de clercs doctes et lettrés, de célèbres troubadours. Les savants aussi s'empressaient de visiter le noble prince qui présidait aux progrès des beaux-arts et des sciences dans la France méridionale ; le célèbre Froissart vint lui-même grossir la cour de Gaston-Pœbus. Le vieux chroniqueur a raconté, en style simple et naïf, les principales circonstances de son arrivée et de son séjour chez le comte de Foix. « Ainsi fus-je en l'hôtel du noble comte recueilli et nourri à ma plaisance. Ce était ce que je désirais à enquerre toutes nouvelles touchant à ma matière; et j'avais prêts à la main, barons, chevaliers, écuyers qui m'en informaient, et le gentil comte de Foix aussi. »

A ses aimables qualités, Gaston mêlait parfois une violence qui le porta, dans quelques occasions à de regrettables excès. Ayant fait fait venir auprès de lui son cousin le gouverneur de Lourdes : « Pierre, lui dit-il, je vous ai mandé pour vous faire commandement, en tant que vous pouvez me faire envers moi, et par la foi et lignage que vous me devez, que vous me rendiez le châtel de Lourdes. » — « Monseigneur, lui répondit le gouverneur, je vous dois véritablement foi et hommage, car je suis un pauvre chevalier de votre sang et de votre terre ; vous pouvez faire de moi ce qu'il vous plaira. Mais je tiens le châtel du roi d'Angleterre, je ne le rendrai qu'à lui. »

A cette réponse, le comte de Foix s'irrita,

se livra à tout l'emportement de sa colère, tira une dague, et, se précipitant sur Pierre, il le frappa, dans sa fureur, de cinq coups mortels. Il ne se trouva là ni baron, ni chevalier qui osât retenir le meurtrier auquel la victime adressa, en succombant, ces dernières paroles : « Ah! ah! Monseigneur, vous ne faites pas gentilhomme ; vous m'avez mandé et me occiez ! » L'impitoyable Gaston ne parut pas même s'attendrir, en écoutant ces reproches, car il commanda aussitôt qu'il fût mis en la fosse, avant qu'il eût rendu le dernier soupir. « Il y fut mis de force et il y mourut, car il fut *pourement* soigné de ses plaies. »

Nous empruntons encore à Froissart le récit des circonstances de la mort tragique du jeune Gaston en l'année 1381.

« Il était d'usage dans l'hôtel de Foix que Gaston et Ivain, son frère bâtard, couchâssent assez ordinairement dans la même chambre, usâssent des mêmes habits, comme étant de même taille, en bons frères qui s'aimaient tendrement. Un jour, il arriva que, soit en jouant, soit par méprise, les habits des deux jeunes frères se mêlèrent. Chacun cherchait en riant et en se poussant le sien. Lorsque Ivain, qui était malicieux, sentit la poudre dans la bourse, et demanda à Gaston : « Mais qu'est donc ceci que vous portez tous les jours sur votre poitrine? » Gaston se fâcha de cette question et ne répondit que ces mots avec humeur : « Rendez-moi ma cotte, Ivain, vous n'en avez que faire. » Ivain lui rendit sa cotte. Trois jours se passent, et il arrive qu'au bout de ce temps, les deux enfants jouant ensemble se prennent de querelle. Gaston frappe Ivain. Celui-ci irrité court tout en colère, tout en pleurant, dans la chambre de son père qui sortait, en ce moment, d'entendre la messe. Quand le comte le vit, il lui dit : « Quel est le sujet de votre chagrin? » — « Au nom de Dieu, monseigneur, Gaston m'a battu, mais il y a autant et plus à battre en lui qu'en moi. » — « Pourquoi? » dit le comte, qui bien trop vite entra en soupçon. — « Par ma foi, dit Ivain, depuis que mon frère Gaston est retourné de Navarre, il porte à sa poitrine une boursette pleine de poudre; il est vrai que je ne sais trop ce qu'il veut en faire, sinon qu'il m'a dit que, par ce moyen, madame sera bientôt en votre grâce plus grandement que jamais elle ne fût... »

Le comte Gaston fut vivement frappé de ce qu'il venait d'entendre; il se prit à y réfléchir profondément et amèrement. Charles de Navarre et ses crimes lui vinrent sûrement en pensée. A l'heure du diner, il se mit à table comme de coutume. L'enfant qui ne se doutait de rien, se met à servir son père selon son habitude; mais à peine a-t-il déposé le premier plat sur la table que le comte aperçoit le cordon de la bourse dont on lui a parlé. A cette vue, tout son sang lui monte au visage : « Gaston, dit-il, d'une voix inaccoutumée, approche. » Celui-ci s'avance, s'incline, et le comte, saisissant le cordon avec précipitation, va jusqu'à la boursette et la coupe avec son coutel. Alors le comte prend de la poudre, en met sur du pain et la donne à un de ses chiens. A peine l'animal a-t-il avalé le morceau, on le voit trembler, ses yeux se tournent bientôt dans sa tête d'une manière convulsive et il tombe mort.

A ce spectacle, l'indignation, la colère se peignent dans les traits du comte. Tout à coup sa colère, longtemps comprimée, éclate comme la foudre; il s'élance sur son fils, il veut le percer; mais les chevaliers et écuyers qui se trouvent présents, se précipitent au-devant de lui. Et les premiers mots que le comte put proférer, ce fut dans son gascon : « Oh! Gaston, traître! Pour toi, pour accroître ton héritage, j'ai eu guerre et haine au roi de France, au roi d'Angleterre, au roi d'Espagne, au roi de Navarre, au roi d'Aragon, et c'est toi qui veux me faire mourir. Ah! tu es un monstre; mais tu en mourras! » L'enfant fut enfermé dans la tour; aussitôt Gaston donna ordre de se saisir de tous les chevaliers et écuyers attachés à la personne de son fils; il en fit périr une quinzaine dans les supplices; les autres eurent le bonheur d'échapper.

Cependant l'infortuné prisonnier gémissait dans une salle obscure de la tour; et depuis qu'il avait été jeté en prison, il était resté couché sur son lit sans voir un seul être qui s'intéressât à son sort. Personne ne pouvait l'approcher que les gardiens de la tour, dont les consignes étaient de la plus grande sévérité. Un jour, il y avait environ deux semaines qu'il souffrait, un gardien, lui présentant le dîner, s'aperçut que tous les mets qui avaient été portés les jours précédents étaient intacts. Il en avertit le comte. Celui-ci « s'en vint dans la prison où son fils était et tenait un coutelet dont il appareillait ses ongles. Par mal-talent, en boutant ce bout de pointe en la gorge de son fils, il l'assena en ne sait quelle veine et lui dit : Ah! traitre, pourquoi ne manges-tu? et tantôt s'en partit le comte. L'enfant fut sangmué et effrayé de la venue de son père, avec ce qu'il vit ou sentit la pointe du coutel qui l'atoucha à la gorge; car tout petit que ce fut, ce fut une veine; si se tourna d'autre part et il mourut. A peine était rentré le comte en sa chambre qu'on lui dit : « Monseigneur, Gaston est mort ».

Cette fin tragique empoisonna les derniers jours de Gaston Phœbus qui mourut subitement à Orthez, au mois de mai 1391, en rentrant d'une chasse à l'ours.

Le pays de Foix lui fut redevable d'une bonne administration, et le Béarn le compte au nombre de ses législateurs. Les deux pays doivent se rappeler sa mémoire avec orgueil et reconnaissance, car il les rendit tous les deux riches et florissants.

Foix est une ville de souvenirs ; ses habitants jouèrent un grand rôle dans l'histoire du Moyen-Age et de la Renaissance; depuis elle a perdu son importance, son inllence politique; les étrangers aiment cependant à s'y arrêter pour admirer le noble et antique manoir des Gastons, bâti comme un nid d'aigle sur la crête du rocher ; tout homme qui se plait à étudier les diverses périodes de notre histoire méridionale, y trouvera de riches documents ; toutes les fois qu'il portera ses regards vers les tours, il pourra se dire : « *Autour de ce roc, aujourd'hui presque désert, se pressaient jadis hommes d'armes et paladins ; dans ce vieux castel, dont notre XIXe siècle crût devoir faire une prison, les troubadours de la Langue d'Oc charmaient par leurs chants les loisirs de Gaston-Phœbus ; ici, les lauriers des preux se mêlaient aux guirlandes des poètes ; ici, régna longtemps une dynastie de héros dont la magnificence et les richesses égalaient celles des rois de*

France. » L'ombre de Gaston-Pœbus plane encore au-dessus des vieux créneaux et son nom retentit, comme un écho éternel, sous les voûtes silencieuses, sous les vastes voûtes aujourd'hui veuves de leurs nobles comtes, de leurs paladins et de leurs ménestrels.....

Foix est de toutes nos préfectures — après Privas cependant — la moins importante. On ne s'attendrait guère à rencontrer tous les services d'un département dans cette somnolente cité si fièrement dominée par le château où trônèrent jadis les comtes souverains. Et pourtant, l'arrivée, le soir, sous les grands arbres qui ombragent la superbe promenade de Villote, bordée de cafés brillamment éclairés de leurs vacillantes lumières, pourrait donner l'impression d'un grand centre, si l'on ne voyait s'ouvrir de tous côtés dans les ténèbres, des ruelles étroites, où rarement on rencontre un passant. Cette solitude a quelque charme, mais comme toute chose vieille, elle aussi agonise et de jour en jour, la somnolente bourgade se réveille de son sommeil pour éclore de plus en plus à la vie toute bruyante, des cités méridionales. En se groupant au pied du hardi rocher qui la domine de ses tours superbes, couronnées de parapets et de créneaux, sous la sauvegarde du manoir seigneurial, la ville de Foix a subi la loi qui présidait aux constructions, à une époque de coups de main et de banditisme, où la violence était partout et la sécurité nulle part, en dehors des enceintes crénelées, armées de meurtrières et de ponts-levis. Aujourd'hui qu'une civilisation nouvelle a créé d'autres besoins et rendu nécessaires d'autres conditions d'existence, Foix, de même que toutes les villes bâties comme elle, abandonne son site médiéval pour s'étendre dans la plaine et s'ouvre, le plus possible, au lieu de s'enfermer dans une inabordable position. Nul doute qu'avec le temps, grâce aux facilités naturelles dont elle jouit et au bon goût de sa population, elle ne se transforme dans le sens le plus heureux et, qu'après avoir été une des cités les plus fortes du midi de la France, elle n'en devienne une des plus agréables et des plus jolies.

La gare, avec les quelques appendices nécessités par l'embranchement de Saint-Girons, sort de son état plus que modeste. Une courte avenue conduit de cette station aux bords de l'Ariège : c'est là la partie vivante de la ville. A peine a-t-on traversé la rivière et l'on est au sein d'une bourgade dont les maisons, pour la plupart antiques, offrent parfois quelques-uns de ces détails de charpente sculptée, charme mélancolique des vieilles cités à leur déclin.

Et partout le site est beau, non seulement par les ruines du château et le cadre de montagnes s'élevant, par degrés successifs, de la zone des cultures à celle des bois de hêtres, puis aux arêtes rocheuses, mais encore par la vie qu'apporte la grand et clair torrent, en roulant ses eaux pures où scintillent les pépites d'or, au pied de terrasses couvertes de constructions dont les plus vastes, au confluent de l'Arget, sont occupées par la Préfecture. Mais malgré l'attrait des pays d'alentour, malgré l'admirable situation des lieux, lorsque les comtes devinrent seigneurs de Béarn, ils abandonnèrent leur sûre mais incommode forteresse au rude climat, pour leur création de Mazères ou les villes au ciel plus doux de Pau et d'Orthez. Cependant Foix resta capitale, d'abord d'une province du petit royaume de Navarre, puis d'une province du royaume de France. Elle dut à ce titre de devenir chef-lieu d'un département formé de l'ancien comté et du Couserans. Et la population s'accrut légèrement avec la présence des autorités multiples créées par le nouveau régime ; cependant elle n'a jamais égalé celle de Pamiers, ville voisine et rivale, bien supérieure encore aujourd'hui.

Peut-être Foix prendra-t-elle un développement plus considérable, lorsque la multiplication des chutes d'eau dans la montagne aura permis de remplacer par la houille blanche, la houille noire jusqu'à présent absente de la contrée, ce qui n'a cessé d'enrayer l'exploitation des mines de fer, abondantes et riches, de sa vallée. Au lieu de perdre l'activité que lui donnaient jadis les petites forges à la catalane, elle pourra devenir un grand centre industriel, et voir naître en elle cette fièvre de travail que l'on rencontre encore dans les environs du chef-lieu, dans cette vallée de l'Arget que l'on appelle *La Barguillère*, un des plus curieux centres du travail à la fois agricole et industriel. Les derniers rapports des ingénieurs des mines ne signalent plus que treize usines à fer en activité et un seul haut-fourneau, celui de Tarascon. Sauf à Pamiers, dont les établissements sont considérables, les usines font surtout le martelage des fers et des aciers ; dix d'entre elles, occupent encore de cinq cents à à six cents ouvriers, hommes ou enfants. Elles se bornent à ébaucher des instruments qui seront achevés au dehors. Les principaux de ces établissements où l'on fait particulièrement des faux, sont à Foix, Saint-Pierre-de-Rivière, Gaynes, Tarascon et Niaux. Sur le territoire même de Foix, à Berdoulet, la Société métallurgique de l'Ariège possède un haut-fourneau et des ateliers ; ceux-ci restent seuls, le fourneau est éteint.

Malgré cette décadence, l'exploitation des mines et le travail des forges et hauts-fourneaux sont assez considérables pour que la Banque de France à Foix, ait un rang inattendu dans le classement des succursales. En 1902, Foix dépassa Châlons-sur-Marne, Saint-Omer, Sens, Versailles, Cahors, Vannes, vingt-cinq villes plus populeuses, plus commerçantes, plus industrielles.

La fermeture des forges et des mines a amené une dépopulation affligeante. Peu de pays ont autant perdu en quelques années. Et au Conseil général de 1903, un membre de l'assemblée a pu s'appuyer sur cette diminution désastreuse pour s'élever contre la création d'un réseau de chemins de fer d'intérêt local ; on ne saurait trop faire ressortir en effet que l'Ariège qui comptait encore 246,000 habitants en 1874, voyait ce chiffre tomber à 237,500 en 1891, tandis qu'il descendait encore à 219,500 en 1896 et à 210,500 en 1901, soit, de l'année 1891 à 1901 seulement, une perte de 27,000 habitants. Les grandes villes, Toulouse et Bordeaux, et le pays vignoble profitent le plus de ce déchet, le Bordelais surtout, où les « Montagnols » viennent comme domestiques ou travailleurs de la vigne et ne retournent guère au pays natal. Dans le Couserans, un courant d'émigration se porte vers la République Argentine, tandis qu'à peu près tous les cantons de l'Ariège fournissent bon an mal an quatre à cinq cents colons à l'Algérie, la Tunisie et nos pays de Sénégambie. Les facilités de transport ont évidemment aidé à cet exode et les lignes de tramways projetées auront encore pour effet de l'accentuer jusqu'au moment où ces voix nouvelles, ayant amené des idées d'amélioration rurales et pastorales, rétabliront l'équilibre et feront maintenir sur le sol natal des populations qui auront su rendre leur existence plus douce.

Dans ce pays de Foix aux pâturages superbes, on devrait parvenir à tirer de l'herbe et du bétail des ressources comparables à celles dont jouissent les populations du Jura et d'une partie des Alpes. Mais, jusqu'ici, les efforts sont faibles ; les quelques fruitières établies dans le département ne vivent que par l'aide du Conseil général ; les communes ne sont pas entrées d'elles-mêmes dans cette voie féconde. Peut-être au lieu de subventionner des établissements de ce genre, emploierait-on mieux les fonds à donner des bourses de voyages aux maires intelligents qui iraient en Jura et en Savoie examiner les bienfaits de l'association laitière et la simplicité de l'organisation.

Les fruitières seraient établies avec le plus de chances dans les villages de hautes vallées, en les doublant par des chalets d'été plus confortables et plus sains que les jasses immondes où s'abritent nos bergers. Aux environs de Foix, pays d'altitude modérée une telle entreprise deviendra rémunératrice lorsqu'on aura songé à aménager les eaux qui permettront de créer ou d'accroître des prairies dans les vallons ouverts entre les chaînons parrallèles du Plantaurel.

Le Plantaurel, appelé aussi les « Petites Pyrénées », ferme au nord le bassin de Foix, compris dans la zone intermédiaire de la montagne de Tabe. Cette succession de rides parallèles étonnantes de régularité, à travers lesquelles les rivières ont fait des coupures plus étonnantes encore, finit à Foix même, où deux chaînons viennent plonger leurs bases dans l'Ariège. Le passage est très vert, grâce aux bois qui tapissent les petits monts et dont les roches nues d'une seconde et étroite arête font mieux ressortir la fraîcheur. Ce chaînon, le plus régulier de tout le système, se détache, ou plutôt est séparé du Plantaurel de Lavelanet, au passage de Carla-de-Roquefort, coupé avec une surprenante netteté par le Douctouyre. Sur le versant nord se forment des vallons qui vont déboucher sur la vallée de l'Hers; au sud, la barrière calcaire est longée par le ruisseau de l'Alses, dont le vallon est parcouru par la belle route de l'Herm. Entre Vernajoul et Saint-Jean-de-Verges, l'Ariège coupe en deux ce chaînon; la gorge étroite, mais courte se nomme le Pas de-Labarre qui fut jadis une position militaire importante, défendue par un château-fort, et qui marquait la séparation entre le pays de Pamiers ou Sabarthès et le comté de Foix, proprement dit. Le village de Saint-Jean, assis dans une autre cluse, à l'entrée de la plaine, vit un acte capital dans l'existence politique du pays : le comte Roger-Bernard, jusqu'alors traitant d'égal à égal avec le roi de France, s'y reconnut vassal de celui-ci, à la grande indignation de ses sujets, fiers de l'indépendance comtale. D'ailleurs, jusqu'à l'arrivée de Henri IV au trône, cette vassalité fut plus platonique que réelle.

L'Ariège, limpide, court sur un lit de gros galets au pied de ces belles hauteurs : peu à peu, sa prison s'écarte et l'énorme torrent pyrénéen, dont les eaux pourraient rendre de si grands services à l'agriculture et à l'industrie, s'échappe définitivement pour traverser la plaine de Pamiers, boire le grand Hers et ajouter son flot à celui de la Garonne, à peine plus considérable.

*
* *

Les bords de l'Ariège, au-dessous du chef-lieu, ont moins d'importance économique que la vallée de l'Arget qui vient finir à Foix, sous les pentes du rocher. Il y a là tout un petit pays fort curieux par les vestiges de son activité d'autrefois. C'est ce qu'on appelle *la Barguillère*, nom resté vivace au point que les municipalités agissent fréquemment en communauté comme elles le faisaient en plein moyen-âge.

Les communes sont constituées depuis 1216 en syndicat exerçant ses droits sur le domaine du consulat de Foix, pâturages ou forêts. En 1903 encore, six maires de la Barguillère (Brassac, Burret, le Bosc, Bénac, Serres, Ganac) protestaient en tant que groupement contre l'abandon dont la Barguillère était l'objet dans le plan de création des tramways départementaux. Le Conseil général, tout en témoignant de sa bienveillance envers la *superbe vallée* de la Barguillère, n'a pas cru pouvoir lui donner la voie ferrée sollicitée. C'est que ce petit pays a perdu, depuis quelques années, sa richesse et son originalité, avec la disparition de la clouterie, exercée par sa population pendant le mauvais temps et l'hiver.

La vallée est charmante, ample bassin découpé par une multitude de plis et de vallons dans lesquels sont les villages et les hameaux, sauf Saint-Pierre et Serres qui bordent la rivière. Ces plis prennent naissance au sud, au milieu de vastes forêts : Prayols, Brassac, Ganac, Andronne. Cette dernière, la plus vaste, possède la source de la jolie rivière de l'Arget, qui s'y creuse une gorge profonde, dominée par les villages du Bosc et de Burret. Les arbres montent très haut, car ils enveloppent jusqu'à la cime le pic de Fontfrède, dressant sa tête à 1622 mètres, extrémité d'un chaînon appuyé au Couserans, et dont un sommet, au-dessus de Brassac, atteint 1716 mètres.

Les maires de la Barguillère n'ont pas tort en demandant un chemin de fer pour leur vallée : lorsque la mode des villégiatures en France aura eu raison du snobisme qui nous envoie en Suisse ou en Norwège, peut-être découvrira-t-on ces riantes campagnes et ces sylves épaisses du petit bassin de l'Arget.....

*
* *

Par contre, *la vallée de l'Ariège* a dû à ses mines de fer et aux sources thermales d'Ax d'être parcourue par une voie ferrée à grande section, parvenant jusqu'aux abords de la République d'Andorre, qu'elle frôlera de plus près quand on l'aura prolongée sur Bourg-Madame et Barcelone par le col de Puymorens. Le grand sillon de la rivière offrait à cette voie un tracé relativement facile, la construction n'a pas demandé de travaux trop considérables; bien des lignes de montagne furent autrement difficiles. Elle côtoie la route que parcoururent longtemps les baigneurs d'Ussat et d'Ax.

La rivière descend, rapide; ses eaux abondantes, d'un vert limpide, reflètent des monts aimables rappelant par leur grâce certaines parties de l'Auvergne et des Alpes de Savoie.

Cette partie de la vallée, un peu élargie, est dominée par le monticule isolé de Montgaillard, portant les vestiges d'un antique castel. Tout ce paysage est d'une mâle beauté; les monts immédiats, d'élévation médiocre, s'écartent et laissent voir par l'ouverture des vallées des chaînes puissantes aux flancs striés de neige. Des prés et des champs encadrés d'arbres, des hameaux tout blancs mettent de la grâce.....

Sur les bords de la rivière, des vignes en joualles enferment des champs de maïs, de blé, tandis que les pierres ramenées par la charrue sont alignées en murailles ou réunies en petits tas ronds autour des vignes. Souvent des jets ont poussé à travers ces margers et les transforment en sortes de corbeilles. Les amas de rochers sont la caractéristique de ces campagnes. Le village de Prayols, assis au pied de sa splendide forêt, est entouré de ces champs singuliers.

La vallée du Scios atteint ici l'Ariège; elle ouvre une profonde perspective entre le Plantaurel et le massif de Tabe. La route de Lavelanet s'engage dans cette dépression où bientôt, grâce à l'influence chaque jour grandissante du député de Foix, M. Delcassé, ministre des affaires étrangères, la doublera d'un chemin de fer qui doit atteindre Bélesta. Cette ligne est appelée à transformer profondément les conditions économiques de Foix en la mettant en relations directes avec la région industrielle de Lavelanet, qui a su garder tant de vitalité.

La ligne se reliera à celle d'Ax à la gare de Saint-Paul-Saint-Antoine, située au point où la vallée se resserre de nouveau.

De chaque côté, la montagne, plissée de vallons tantôt très verts, tantôt hérissés de rochers, tombe, abrupte sur l'Ariège. Les sites se font plus sévères; à Mercus, les monts, rudes ou gazonnés, ont leur base couverte de terrasses plantées de vignes. Les ressauts et les parties planes en pentes douces cultivées en céréales mettent des nappes d'or sur ces parois d'un vert triste ou sur les croupes voisines des hautes cimes. Çà et là, des bois de bouleaux et de frênes relèvent l'âpreté de flancs trop nus. Dans ces parages, en aval de Mercus, l'Ariège doit être dérivée pour alimenter un canal de 10 mètres devant fournir 6.000 chevaux de force pour des usines à créer à Foix; il se prolongera ensuite dans la plaine de Pamiers que les eaux transformeront en campagnes opulentes.

Les monts s'écartent un peu pour faire place au débouché de rivières; sur la rive gauche, Arignac couvre un monticule enveloppé d'arbres au-dessus de l'embouchure du Saurat. En face, l'Arnave, accourue du massif de Tabe, traverse Bompas avant d'atteindre la rivière. Sur la rive gauche surgit un cône isolé, haut et raide, à la base tapissée d'éboulis, le roc de Soudours. Derrière cette fière roche débouche la Courbière. Tout autour du petit mont s'égrènent les centres de population : Arignac, Bédeilhac, Rabat, Banat, Surba et, sur l'Ariège, la petite ville de Tarascon, au débouché de plusieurs vallons ouverts dans la haute montagne.

*
* *

La vallée de l'Arize. — A la sortie de Foix, la route de Saint-Girons s'élève par une rampe douce au revers nord de la vallée de l'Arget, c'est-à-dire de la Barguillère. Bientôt, elle domine de haut ce petit pays et ses villages, si industrieux à l'époque où florissait la clouterie. Les bourgs reposent au fond du val ou s'étalent au flanc de la chaîne derrière laquelle est la vallée de Saurat, crête noire de forêts belles et vastes, plissée de vallons profonds et verts. Un instant la route domine un village de la Barguillère, Cos, le plus petit de ces centres. Plus loin, elle laisse en contre-bas, à l'écart, Saint-Martin-de-Caralp, assis au pied d'un grand rocher qui figure assez visiblement un lion colossal.

La route atteint ici son point culminant : c'est le col d'El-Bouich (633 mètres d'altitude.)

La vallée qui s'ouvre sur l'autre versant est d'aspect sévère : des bois, des prairies, de grands chênes isolés revêtent des coteaux qui portent un long et morne plateau marécageux au pied duquel, vers le nord, coule le ruisseau d'Argentat, un de ces cours d'eau contenus par les chaînons réguliers du Plantaurel et qui, tout à coup, trouent les « petites Pyrénées » par un de leurs défilés si nettement fracturés.

Au sud, le pays est tout autre : ces hautes croupes boisées recèlent des gisements fort riches de minerais divers, notamment de cuivre et de plomb. Seul, le cuivre donne lieu à une exploitation de quelque importance ; ce métal, si rare en France, se trouve non loin de la route, dans la commune d'Alzen. Le succès de cette exploitation a suscité l'activité des prospecteurs. Toutes les montagnes, dans les bassins de l'Arize qui va à la Garonne et du Baup qui va au Salat ont été fouillées ; près de la Bastide-de-Sérou, aux Atiels, on a reconnu le cuivre ; au-delà, vers Castelnau, encore le cuivre, mais parfois associé au zinc : du cuivre encore à Rimont. Enfin, vers la Bastide-de-Sérou, un nuage de sombres fumées embrume ces paysages placides. Ce sont les établissements où l'on broie le phosphate de chaux. Ces roches, exploitées dans tous les environs, sont une source de richesses pour les paysans du canton. Et tout autour de ces centres industriels, sont de belles prairies dont la bande se retrécit bientôt par le rapprochement des collines. Dans ce val où les cultures sont nombreuses coule le ruisseau de l'Aujolle qui atteint à la Bastide-de-Sérou, l'*Arize*, encore à sa naissance.

La Bastide-de-Sérou a vu confirmer son ancienne suprématie sur la région en demeurant chef-lieu d'un canton qui comprend tout l'ancien petit pays de Sérou : une seule paroisse, Castelnau-Durban, en a été détachée pour faire partie du canton de Saint-Girons. La Bastide est une fort humble ville à laquelle les usines de la « Compagnie des phosphates et bauxites de l'Ariège » donnent un caractère industriel. Vue de la vallée, la bourgade, en écharpe au flanc d'une colline, a encore quelque allure ; la partie haute possède une tour et des débris de murailles.

Déjà, vers l'an 1150, la capitale du pays de Sérou était un bourg assez considérable, appelé Montesquieu. Dans un acte du mois de septembre 1250, on le désignait sous le nom de La Bastide-d'Antusan : « Cet acte mentionne les terres qui appartenaient à Loup de Foix et à ses fils, entre autres La Bastide-d'Antusan, où se trouve une tour, espèce de forteresse qu'on a toujours nommée *La Tour du Loup*. Cette forteresse est passée successivement aux seigneurs de Rabat jusqu'à François-Gaston de Foix, seigneur de Rabat, qui, vers l'an 1689, l'engagea à Jean-Charles-Phœbus de Rochechouart, marquis de Faudoas, son cousin germain, avec les rentes et les fiefs qu'il avait dans la ville et juridiction de La Bastide, qui avait appartenu à Loup de Foix.

Les consuls de La Bastide prêtèrent serment à Mazères, au comte Gaston IV, après la mort de son père Jean. Les trois états du pays étaient représentés à cette solennité. Nous lisons dans l'acte qui relate ce fait important : « Jean venait de mourir dans son château de Mazères, lorsqu'on convoqua plusieurs nobles du comté et les consuls des communautés de Foix, de Tarascon, de La Bastide, de Saverdun et de plusieurs autres lieux du pays pour assister aux funérailles. Elles eurent lieu avec la plus grande pompe, et le corps fut enseveli dans l'église de l'abbaye de Boulbone de l'ordre de Citeaux et située dans le diocèse de Mirepoix.

« Le lendemain de cette cérémonie, Gaston, son fils et son héritier, avant de prendre possession du Comté, exigea et reçut de chacun et de tous les nobles et consuls des communautés l'hommage et le serment de fidélité. Il promit à son tour, à tous les nobles et consuls d'être bon et fidèle seigneur, et de garder et d'observer chacune et toutes les libertés et franchises, chacun et tous leurs privilèges, jurant de ne les enfreindre jamais, sous aucun prétexte que ce soit ; enfin de les maintenir dans leurs coutumes et leurs usages dont ils jouissaient depuis un temps immémorial. »

Les environs de La Bastide ne présentent d'autres particularités intéressantes qu'une grotte riche en stalactites dans la montagne de Garosse, du grès, des cristaux de couleur variée, des poissons et des coquillages à l'état fossile, du marbre d'une teinte un peu sévère, mais non sans mérite. L'industrie des fromages acquiert chaque jour un développement plus considérable dans le canton. Grâce à l'excellence des herbages et aux soins éclairés dont les troupeaux y sont l'objet, les produits luttent quelquefois avec avantage contre le gruyère, le fromage de Brie et même contre le Roquefort. C'est une nouvelle source de richesse ouverte à ce pays, et les propriétaires qui ne négligent rien pour le perfectionnement de cette industrie, ont droit à la reconnaissance de la population rurale.

Au village de Nescus, à peu de distance des habitations, existe un champ connu par les urnes funéraires que l'on y rencontre. Certains ont d'abord supposé qu'il servait autrefois d'emplacement à une poterie ; mais cette manière d'expliquer la présence en cet endroit de semblables débris du passé n'est pas acceptable, dès qu'il se trouve, mêlés à ces urnes, des objets indicateurs d'une inhumation. C'était sans doute un cimetière.

Au-dessous de La Bastide, la vallée de l'Arize s'élargit et forme de belles campagnes avec des demeures de belle apparence ; dans les prés sont de grands chênes et des frênes superbes. Au bord de la route, le hameau de Vic possède une humble église, un cimetière et les débris d'une tour ; là débouche le vallon des Atiels, dans lequel on poursuit avec succès des recherches de minerai de cuivre. Grossie par le ruisseau descendu de ce val, l'Arize ne tarde pas à rejoindre l'Artillac, qui lui apporte des eaux nées aux confins du Couserans. Ce ruisseau est passé sous Castelnau-Durban, joli village assis au pied des ruines d'une forteresse et qui possède sur son territoire des gisements métalliques encore à l'état de « prospection. » Castelnau est un petit centre assez actif. Ses forêts ont fait naître des scieries ; quelques ateliers de chaudronnerie alimentent les campagnes de leurs produits.

Le confluent de l'Artillac et de l'Arize a lieu au-dessous du hameau de Ségalas, dont les toits rouges se dissimulent à demi sous les arbres. Ainsi accrue, l'Arize s'en va, abondante et claire, au sein de prairies d'une exquise fraicheur. Le val où coule la rivière semble fermé ; au fond surgissent les belles ruines du château de Durban. Peu à peu le bassin se resserre, se creuse, devient gorge pleine de verdure. Il doit y avoir des sources au fond du lit, car l'Arize ne reçoit aucun ruisseau et cependant on la voit croître à vue d'œil ; à Durban, elle est large et abondante.

Ce village, fort rustique, est encadré de riches vergers qui disparaissent à l'entrée d'un défilé commandé par la haute roche grise, enveloppée de broussailles et portant les ruines d'un château du XIIe siècle, avec des parties du XVIe. Les restes de la forteresse, les rocs, les bois, les eaux, les falaises blanches ou fauves creusées de grottes, le brusque contour de la vallée, forment un merveilleux paysage. Parfois, les pentes s'adoucissent et le site s'humanise, la vie rurale apparaît, des prés tapissent les petits monts, les champs sont animés par les moissonneurs. A mesure que l'on descend, la vallée s'entrouvre et s'éclaire ; à Balança c'est un adorable plan de prairies, très vertes, au milieu desquelles semble sourire un moulin charmant par la rusticité de ses dépendances. A s'élargir ainsi le val perd de son pittoresque, mais il reste toujours gracieux.

Pas de village au long de la rivière, mais beaucoup d'habitations isolées ayant pour centre le hameau de Reynaud, composé d'une seule maison et d'une vaste église. Encore un coin minéralogique intéressant, cette partie de la vallée de l'Arize ; elle possède des sources salées abondantes ; l'une d'elles a son débouché en amont du vallon de Clermont par le ruisseau de Gaussenaing ; l'autre est sur les confins de la Haute-Garonne, à Camarade ; c'est un puits atteignant une couche de sel gemme, aujourd'hui inexploitée, et qui donna lieu jadis à des conflits entre la population et les agents du fisc. Les eaux retirées de la saline se déversaient dans le ruisseau de Lézères, qui atteint l'Arize au-dessous du château de Roquebrune. Le site a un caractère méridional bien tranché : des arbustes verts et des figuiers noueux croissent dans les roches.

Une colline entourée de falaises escarpées, la Roche-du-Mas, est creusée d'une gorge dans laquelle pénètre l'Arize ; soudain, les parois se ferment, le défilé n'est plus que l'entrée d'une caverne obscure. La rivière s'y engouffre ; ainsi le Bonheur entre dans le souterrain mystérieux et formidable de Bramabiau. Mais l'Arize n'éprouve pas de difficultés comparables à celles du Bonheur : elle n'a pas à plonger dans des puits, à se tordre dans des couloirs, à se précipiter de roche en roche ; elle a nettement et amplement perforé l'obstacle et s'est créé un passage majestueux où l'on a pu établir une route à côté du torrent. (Voir au début de notre étude sur l'Ariège.)

Haut d'abord de 80 mètres, ce tunnel, dû

au lent effort des eaux, devient presque aussitôt grandiose, sublime. On dirait que l'énorme voûte a été forée par de prodigieux Titans ; la forme même paraît œuvre d'artiste, elle rappelle la coupole byzantine. La route ne pénètre pas directement dans ce souterrain, long de 40 mètres, elle y entre obliquement à l'aide d'un tunnel et atteint la grande caverne dans laquelle l'Arize se brise contre les rochers. Un parapet sépare la chaussée du lit obscur de la rivière.

Des lampes luttent vaguement contre le noir de la grotte et en accroissent la religieuse beauté. On devine à demi un énorme pilier qui semble porter de fantastiques édifices et soutient la voûte. Dans les anfractuosités du roc s'ouvrent des cavités qu'habitèrent des hommes de l'âge de pierre ; la plus vaste est au-dessus du souterrain creusé par la rivière. La traversée est courte, voici la lumière éclatante ; par une galerie bien plus basse que celle d'amont, on pénètre entre de hautes et belles parois calcaires souillées par les inscriptions que des gens sont parvenus à tracer à l'aide d'efforts inouïs d'équilibre. On ne dit pas si quelqu'un de ces imbéciles s'est cassé les reins ; il ne l'aurait pas volé.

Cette gymnastique à la Tartarin évoque d'autres efforts plus héroïques. Le maréchal de Thémines investit le Mas-d'Azil en 1625.

Les habitants ne se trouvant pas en état de résister, offrirent de se soumettre et de donner quinze mille écus pour le rachat du pillage; mais, le maréchal, en exigeant vingt mille, le traité fut rompu. Thémines, n'ayant pas assez de troupes, ne put faire entièrement la circonvallation de la place; mais les catholiques imaginèrent d'obstruer l'Arize pour l'obliger à contourner la roche en minant le lit préhistorique; de la sorte, ils exposaient les défenseurs de la place, commandés par le capitaine Larboust, brave officier, qui se défendait avec beaucoup de valeur, à mourir de soif. Mais, malgré les catholiques du maréchal de Thémines, la grotte de la Roche-du-Mas fut envahie par les calvinistes venant au secours de leurs coreligionnaires. S'aidant de cordes, ceux-ci parvinrent dans le souterrain, et, détruisant le barrage, ramenèrent la rivière au Mas-d'Azil, sauvant ainsi du suprême danger la petite cité forte.

Car le Mas fut une forteresse. Un de ces vieux atlas, où l'art et le goût de l'ornementation remplaçaient la précision topographique, montre la petite ville bordant la rive gauche de la rivière de ses remparts bastionnés, tandis que vers la campagne, une muraille ceinte de tours, flanquée de saillants, précédée d'un fossé, a vue sur les champs d'un bassin bien enclos de hautes collines. Une autre planche, consacrée au pays de Foix, présente la Roche-du-Mas sous la forme d'une haute croupe ; l'Arize semble y décrire un cours souterrain de près d'une lieue. Le cartographe a écrit, pour expliquer ce tracé : « *Cette rivière passe dessoubs* « *ceste montagne.* »

Le Mas-d'Azil n'a rien gardé de cette fortification ; tout fut rasé quand Richelieu eut triomphé des protestants. C'est aujourd'hui un joli bourg, régulier et propre, étendu autour d'une place ombragée de beaux arbres. L'église, sans intérêt, est à demi enveloppée par les halles abritant un perron où sont installées les mesures pour les grains. Ce petit coin et une place ombragée de platanes font un décor d'opéra comique. Le Mas-d'Azil est, jusqu'à présent, peu accessible, les voies ferrées sont éloignées ; mais, si les projets de tramways départementaux se réalisent, ils permettront d'aller visiter la curieuse trouée du Plantaurel, qui a fait la célébrité de la petite ville. Et tout autour, des prés, des vignes, des champs, des maisons couvrent les pentes des collines ; le site, charmant et frais, évoque les paysages les plus attrayants des Alpes de Savoie.

A l'issue de ce cirque, au milieu duquel se groupe gentiment la mignonne ville, est Sabarat, joli village ombragé de grands platanes, dont les rues sont disposées sur un plan géométrique. Ici aboutit un ruisseau qui a longé le revers nord du Plantaurel ; il atteint l'Arize et lui impose sa direction vers le nord-ouest, direction qui sera celle de la rivière jusqu'à la Garonne. Par le vallon de ce ruisseau débouche la route de Pamiers, qui se bifurque à Pailhès pour envoyer un embranchement dans l'ancien pays de Lézadois. Le canton du Fossat, formé par cette contrée, eut longtemps une existence propre ; il a pour chef-lieu un pauvre bourg moins populeux que Lézat, moins illustre que Carla-Bayle, dont le nom a remplacé celui de Carla-le-Comte. Ce changement eut lieu en l'honneur du premier apôtre de la tolérance, dont le rôle philosophique remplit le XVIIe et le XVIII siècle. On montre encore, à Carla-Bayle, la maison habitée par l'illustre écrivain dans sa jeunesse. Carla occupe le sommet d'un massif de collines, dont les eaux rayonnent vers la Lèze et l'Arize.

Et puis, l'Arize court maintenant directement vers la Garonne, dans sa vallée élargie, entre des pentes molles si on les compare à celles du Plantaurel. Fonds et versants sont bien cultivés en luzerne, maïs ou froment. Jadis, il y avait partout de la vigne au flanc des coteaux, mais le phylloxera l'a détruite. Cependant l'aspect général est riche encore, les blés et les avoines moissonnés couvrent de vastes espaces de leurs tas fauves. De belles demeures, châteaux ou villas, entourés de parcs, égaient le paysage. Autour du village des Bordes, la reconstitution du vignoble s'affirme par de superbes plantations en plaine. La campagne devient de plus en plus riche encore : des vignobles luxuriants, des champs de maïs où les tiges sont si hautes qu'un homme ne saurait y être aperçu, des betteraves, révèlent la fertilité du sol et l'ardeur au travail de la population.

Et tout cela, c'est déjà la riche vallée du grand fleuve occitan ; c'est déjà la riche et féconde plaine toulousaine....

***

De Pamiers à Montségur. — La partie la plus belle de l'Aganaguès est entre Varilhes et Pamiers. A cette entrée de l'Ariège dans les plaines, le pays est un vaste jardin mélangé de vignobles, les domaines sont séparés par de singulières clôtures de cailloux roulés élevés avec art. Çà et là des chataigniers isolés révèlent l'état ancien du sol; ces arbres durent former une nappe continue. Les vins de cette contrée, ceux des abords de Pamiers surtout, eurent quelque réputation. Aujourd'hui, les connaisseurs ne leur accordent qu'une mention assez dédaigneuse; les seuls vins ariégeois qui aient mérité d'être tirés de l'obscurité sont ceux des Bordes et de Campagne, près du Mas-d'Azil, de Teilhet et d'Engraviès dans le Mirepoix.

De Varilhes à Pamiers, les vignobles bordent souvent l'Ariège, dont le cours sinueux s'écarte peu du massif confus des collines qui s'étendent en avant du Plantaurel jusqu'au confluent de l'Ariège et de la Garonne. Au milieu de ces pampres et des jardins maraîchers sont les pauvres ruines de l'abbaye de Frédelas, aujourd'hui Mas-Saint-Antonin, qui fut si longtemps la dominatrice du pays par son évêché. Puis, une banlieue riante encadre la cité épiscopale assise au pied de verdoyantes collines.

Humble bourgade, il y a cent ans, *Pamiers* a vu le nombre de ses habitants et son importance économique s'accroître considérablement depuis la fondation des aciéries qui lui ont donné un petit air de ville septentrionale transportée sous les cieux étincelants du Midi. C'est la ville étrangère, la ville française, par excellence, tandis que Foix, vieille capitale d'Ariège, orgueilleusement drapée dans les plis de son manteau comtal, assiste, dédaigneuse, aux premiers vagissements de cette ville nouvellement née. Pamiers a dû se transformer pour présenter son allure actuelle, car Young qui la visitait en 1787, la déclare « remarquablement laide et mal bâtie ». Le voyageur anglais avait contre elle, il est vrai, un autre motif de plainte : « Quelle auberge ! Adieu, monsieur Gascik ; si le sort m'en départ encore une comme la vôtre, que cela me soit compté en rémission de mes péchés ! »

Peu de cités ont une histoire aussi agitée et aussi sanglante, bien que Pamiers remonte seulement au Moyen-Age. Elle fut fondée sur un plan régulier par les moines de l'abbaye de Saint-Antonin ; les ilôts étaient déterminés à l'aide d'une mesure appelée *pam*, d'où ville des pams, *Appamiæ*, qui plus tard se prononça simplement Pamiers. Cette étymologie n'a pas paru assez noble à quelques patriotes locaux ; ils veulent que l'origine du nom soit celui de la ville orientale d'Appamée, adopté par un croisé.

Les guerres et les cruautés qu'elles entraînèrent ont bouleversé la division de la ville ; de nos jours, des percées nouvelles ont achevé de détruire le plan ancien ; beaucoup de monuments ont disparu ; cependant il reste encore çà et là quelques maisons curieuses et les flèches ou tours d'églises donnent un peu de pittoresque au panorama. La cathédrale possède une de ces belles tours octogonales à ouvertures triangulaires qui sont caractéristiques du pays toulousain ; elle s'élance au-dessus d'une construction massive, crénelée et flanquée de mâchicoulis. Cette sorte de forteresse ne fût pas construite comme église épiscopale; elle n'eût ce titre qu'après la destruction, par les protestants, de la bourgade et de l'abbaye du Mas-Saint-Antonin, où résidèrent les évêques jusqu'en 1586. Une autre église — Notre-Dame du Camp — a plus encore l'aspect d'une fortification ; la façade est une énorme muraille à mâchicoulis et crénelée que flanquent deux tours garnies de créneaux.

Pour juger du Pamiers actuel, il faut aller au bord de l'Ariège, visiter les vastes constructions fumeuses et noires des forges qui ont fait de la calme petite ville d'Ariège un centre industriel important.

Brr!!! Je rêve tout éveillé de cet Etna métallurgique.

Quel vacarme cyclopéen, que de flammes et de fumée! De vastes cours, des hangars immenses, un sol brûlant fait de cendres et de scories, un enchevêtrement de toitures basses et de charpentes, un ciel attristé sans étoiles et tout noir pour l'œil ébloui. Des hommes, des enfants vont et viennent, debout, leur ringard à la main, devant la gueule ardente des fours ou brassant le métal en fusion et traînant à l'aide de longues pinces des masses de matière incandescente et spongieuse, fer imparfait encore, qui, au milieu d'un éclaboussement d'étincelles, va se modeler comme argile sous l'effort lent et doux du marteau-pilon.

Ailleurs, une vision de serpents d'or qui au roulement des laminoirs s'allongent et se tordent innombrables. Oui, des serpents d'or, des serpents de feu, animés de je ne sais quelle vie effrayante et surnaturelle, des serpents au milieu desquels les dompteurs courent et se jouent, heureux, on le dirait du moins, tandis que se déroulent autour d'eux leurs spirales, de les saisir au vol par la tête, et de les voir disparaître entre les cylindres avec un frémissement de couleuvre qui, traquée, s'enfonce en un mur. Et c'est ainsi que d'obscurs héros, chaque jour, tout le long de l'an, fabriquent des canons et des obus, dont le compte n'est pas à Berlin.....

Ce spectacle, certes, à sa grandeur.

Il y a pourtant ici des gens amoureux du passé qui regrettent le temps des forges à la catalane et des primitives usines, assourdissant du bruit de leurs martinets les rives de tous les cours d'eau. Un brave homme de savant m'a même montré en soupirant la fente d'un rocher où vécut, paraît-il, une bonne fée, *uno encantado*, qui la première enseigna aux indigènes l'art mystérieux de la soudure. Légende bien dans le caractère de cette région du fer et qui fait songer aux dieux Cabires !

Au centre de Pamiers, par dessus la fumée des usines, et la verdure des jardins, se dresse le monticule qui sert en août de salle de bal et qui supporta jadis le donjon de la belle

Esclarmonde. Richelieu, ce dernier et terrible exécuteur des hautes œuvres de la monarchie, qui décapitait les villes comme les hommes, n'a pas laissé de vestige du *Castela*. Aujourd'hui on y monte par une magnifique allée en spirale de gigantesques marronniers d'Inde. Ils conduisent à une plate-forme, ombragée de massifs de roses, de cytises et d'accacias. Ces bosquets occupent l'emplacement du château. Un cône de verdure le domine, c'était le donjon. De ce point culminant, on découvre à ses pieds, déployée en éventail, du nord au midi, la ville aux toits confus, irréguliers, sombres, entremêlés de ruines de couvents, de clochers massifs, de cyprès : on dirait une ville espagnole. La vétusté gothique contraste étrangément avec la poétique beauté des ombrages du Castela.

Ce lieu est charmant. Il est encore plus illustre. Il est parfumé d'héroïsme et de martyre. Une mémoire gracieuse et funèbre habite ce bocage. C'est ici que se retira, dans son veuvage, la grande Esclarmonde de Foix, vicomtesse de Gimoez; c'est ici qu'elle adopta la foi des Albigeois, qu'elle défia les docteurs et les légats romains, et que sa victoire provoqua la Croisade, dernier et tragique argument de Rome. C'est ici qu'elle résolut la construction de Montségur, d'ici qu'elle partit devant la tempête, ici qu'elle revint après la victoire et qu'elle assista à la mort de son frère, le grand comte Ramon-Roger. C'est d'ici enfin qu'elle s'éloigna une dernière fois et pour toujours et qu'elle remonta pour s'évanouir à travers les gorges du Saint-Barthélemy. Le Castela et Montségur sont les deux trônes d Esclarmonde de Foix.

Le Castela était le palais féodal des comtes : l'hôtel d'Esclarmonde, avec ses ouvroirs, ses écoles, ses hospices, occupait tout le plateau culminant et ses jardins descendaient sur l'escarpement méridional. La France s'empara de la montagne. Le Castela reçut les deux Parlements de Montfort et de Louis VIII. Les rois réunirent sur ce sommet tous les instruments de la conquête, la forteresse, l'évêché, l'inquisition, l'ordre des dominicains et la cathédrale, dont la tour, en signe de son origine capétienne, semble surmontée d'une couronne royale et légèrement fleurdelisée. Une forte muraille, percée de trois portes à l'ouest, au nord et au levant, protégeait, à son hémicycle crénelé, ce Capitole de la Croisade contre les frémissements de la cité patriote. L'inquisition mit plus de 300 ans à dompter et à dévorer son indépendance vivace dont le calvinisme fut la dernière convulsion chevaleresque et populaire.

***

L'Ariégeois se montre surtout fier des merveilles naturelles de son pays.

Mais à côté des vallées fertiles, des montagnes grandioses, à côté des grottes et des souterrains, il s'agit aussi d'admirer en ce pays privilégié l'œuvre de ces hommes, de ces héros qui ont illustré de tous temps cette terre du fer. Et après une série d'excursions par les sentiers de la montagne et les routes de la plaine, quoi de plus impressionnant qu'une visite à Montségur, à ce rocher autour duquel se déroulèrent les phases du plus terrible drame qu'ait eu à enregistrer à travers les siècles cette héroïque terre d'Ariège ?

Montségur à part, l'excursion reste charmante, à condition que l'on ait soin d'abandonner l'éternel ronron du chemin de fer pour le bruit léger des grelots si doux à entendre, par cette belle route qui s'en va sous les peupliers blancs et les frênes, à travers mamelons chargés de bouquets de bois et de cultures, lesquels, selon que l'on monte ou descend, cachent ou laissent voir les lignes sublimes de la grande montagne.

A droite, nous laissâmes le Mas-Saint-Antonin, qui a remplacé l'abbaye, première cause de la guerre, et le bourg des Allemans, garnison germanique, chargée de défendre les moines contre le patriotisme méridional. La route file au sud-est, droite, interminable, entre deux grands souvenirs historiques : à droite, le château de Foix, berceau des comtes, séjour de tout héroïsme chevaleresque, dérobé par les montagnes ; à gauche, le monastère de Boulbone, sépulture de ces princes et de la chevalerie pyrénéenne. Au soleil levant, derrière nous, la plaine de Toulouse fume sous la brume.

A cette entrée de la plaine, vers St-Amadou et le Carlaret, le sol est d'une grande richesse. Les damiers de luzerne en pleine floraison violette tranchent vigoureusement sur les étendues fauves des chaumes, mais cette splendeur rustique n'est pas générale, l'énorme terrain de cailloux roulés mélangés d'argile, a bien des parties sèches. Il est inconcevable qu'en un pays parcouru par une rivière aussi abondante que l'Ariège on n'ait pas su amener les eaux sur un sol qui devrait être aussi merveilleux de fécondité que les plus riches *huertas* de l'Andalousie ou la campagne française du Comtat. Cette plaine pourrait devenir un des greniers de la France.

Durant une vingtaine de kilomètres nous remontâmes ainsi à distance la rive gauche de l'Hers qui descend de Mirepoix. Peu à peu nous vîmes monter et grandir la flèche effilée qui nous indiquait la ville voilée d'un boulevard circulaire de verdure ; l'approche de Mirepoix se ferait d'ailleurs deviner par la seule présence des nombreux vide-bouteilles construits au flanc des coteaux. Il y eut là jadis de petites vignes où les bourgeois venaient le dimanche ; elles ont été détruites, on n'a pas replanté et ces friches sont navrantes.

Mirepoix, cependant, a gardé une ceinture de verdure, grâce à l'Hers qui donne de la fraîcheur à son ample vallée. Les beaux arbres qui l'entourent, ceux qui ombragent ses boulevards et ses places lui font un véritable diadème. Paresseusement couché au pied de Terride, c'est incontestablement l'un des coins les plus poétiques de notre Ariège.

C'est la porte du pays de Foix ouverte sur le Languedoc et la Provence.

Au mois d'août dernier, vers les deux heures de l'après-midi, venant de la *porte d'Aval*, ultime vestige de ses fortifications, si vous étiez arrivés sous les galeries couvertes, soutenues par de vieux piliers de chêne, vous eussiez constaté que nul promeneur, nulle jeune fille aux claires toilettes ne venait troubler le silence de cette place, pourtant si animée, aux fêtes et à la foire de Saint-Maurice, par les danses harmonieuses ou les âpres transactions commerciales.

C'était l'heure de la sieste; et, participant au calme général, la marchande de légumes, devant les fruits de son étal étincelants comme rubis et émeraudes, somnolait sous son vaste parapluie de cotonade rouge. On se serait cru transporté dans quelque ville d'Orient. (Albert Tournier).

Effectivement, en dépit des locomotives qui, depuis sept ou huit ans, ont fait irruption dans *l'Allée des Soupirs*, la ville était aussi déserte et tranquille qu'aux époques où Raymond de Verdole promenait dans ses rues ensoleillées mitre et croix pastorale, où Jean-Jacques-Régis de Cambacérès, futur archi-chancelier d'Empire, exerçant la charge de maire alternatif, y représentait paisiblement l'autorité royale...

Il est peu de villes plus régulière que Mirepoix, même en ce pays de bastides. C'est que la cité, enlevée une première fois par la rupture de la digue du lac de Puyvert et reconstruite sur la rive gauche, fut détruite de nouveau, mais par le feu. On la reconstruisit sur le plan adopté pour les villes neuves avec les rues tirées au cordeau, les ilots réguliers de maisons et la grande place centrale entourée de ses galeries en bois ou *couverts*. Une partie des remparts est restée debout, une porte les perce encore à l'ouest.

Cette petite ville est charmante, en dépit de ses rues trop régulières, car elle a gardé beaucoup de ses vieilles maisons et surtout sa cathédrale. Ce fut en effet une cité épiscopale jusqu'à la Révolution. La place, dont les couverts sont supportés par de vielles charpentes parfois sculptées avec toute la malice de nos pères, est bordée d'un côté par la belle église que reconstruisit, au commencement du XVe siècle, l'évêque Philippe de Lévis. Cette cathédrale n'a qu'une nef, large et harmonieuse. Sa tour, surmontée d'une flèche dentelée portant une croix à 60 mètres au-dessus du sol, passe pour la plus belle de la région pyrénéenne.

L'Hers, qui détruisit la cité primitive, borde au nord la ville des fleurs, du chant et de l'amour — celle qui fut aussi parfois, comme dans l'hymne italien, la ville des armes, — et la sépare d'un massif épais de collines auxquelles donne accès un beau pont qui frappa Arthur Young par son aspect monumental. La première terrasse est occupée par les restes du château de *Terride*, forteresse qui fut longtemps une menace pour la bourgeoisie mirapicienne. De ces ruines, classées parmi les monuments historiques, on a une belle vue sur la large vallée où l'Hers décrit d'incessantes sinuosités avant d'aller tourner vers le nord par une courbe harmonieuse, en séparant le Languedoc, dont le Mirepoix faisait partie, du pays de Foix auquel appartenaient Pamiers et Saverdun. Au Foix, l'immense plaine de l'Ariège, au Languedoc, le massif de hauteurs strié de vallons dont le bois de Bélène occupe le centre. Les villages, très nombreux dans la plaine, sont plus rares sur les coteaux, mais leur aspect est autrement pittoresque : Teilhet à l'entrée d'un petit val, Vals signalée de loin par une haute tour et une église en partie taillée dans le roc.

Ce massif, dont les formes épaisses contrastent si fort avec les chaînons étroits et découpés du Plantaurel, va finir au nord sur la large vallée où se traîne la Vixiège, descendue des collines de Fanjeaux. On trouve ici le caractère des Corbières : les roches parfumées de plantes odoriférantes, la vigne et même quelques oliviers. La ligne de faîte entre l'Hers et la Vixiège sépare les départements de l'Ariège et de l'Aude. De là aussi la vue se perd sur l'immense plaine toulousaine.

*
* *

La vallée de l'Hers. — Mirepoix est une ville agréable : les rues en damier annoncent l'équerre de la monarchie, et son clocher effilé révèle l'art gothique venu du Nord avec la Croisade. C'était le fief militaire et religieux des Lévis. Un de ses enfants, Frédéric Soulié, a essayé de retracer ses guerres sous la forme des romans chevaleresques de Walter-Scott. L'histoire réelle est bien plus dramatique et plus épique.

Nous remontions la rive gauche de l'Hers qui s'écarte un peu vers l'Orient. Le premier village rencontré, Roumengoux appartient au canton qui si longtemps fut le séjour de la puissante famille des Lévis-Mirepoix. Le hameau comprend seulement l'église et quelques maisons. Tout près de là passe le chemin de fer de Bram à Lavelanet.

La vallée de l'Hers manque un peu de pittoresque, mais si elle n'a pas de beauté propre, elle doit beaucoup de grandeur au fond lointain des grandes Pyrénées aux crêtes neigeuses, qui se profilent du Carlitte aux sommets de l'Andorre.

Des ruines relèvent la monotonie des collines. La plus puissante est celle du château de Lagarde, ancienne résidence des Lévis, très vaste, mais dont les murailles ont trop de régularité pour être d'un grand effet dans le paysage. Trois tours carrées et une tour ronde flanquent la lourde masse. Sur l'autre rive, une petite montagne escarpée porte les débris du château de Montaragon. Jadis, il y avait sur le gave un pont de *las Cledas*, très fréquenté dans les courses nocturnes des Albigeois. Toute cette région était surveillée par les trois châteaux de Mirepoix, de Lagarde et de Léran, et par les deux bastides de Bousignac et du Peyrat. Les collines rocailleuses de droite renfermaient les grottes de Cabanac, le château de Dun, séjour de la pieuse comtesse Philippa et du diacre Peyrota de Clermont, et enfin Peyrèlas qui donnait son nom au célèbre châtelain de Montségur.

Les côteaux, entre lesquels l'Hers dessine son cours sinueux, sont en partie recouverts de landes misérables. Une gorge étroite s'ouvre entre des pentes plus boisées : par là viennent à l'Hers les eaux rares du Touyre. Le château de Sibra, entouré de communs aux toits rouges, domine cette sorte d'abîme ; un coteau est couronné par la vieille tour de Saint-Quentin. Tous ces débris de forteresse disent assez l'ancien rôle militaire du pays. Près des ruines de Lagarde, la façade de l'église du village, pan oblong, crénelé, percé de cinq baies, est d'une allure sarrasine.

La route remonte le cours de l'Hers jusqu'au petit bourg de Camon qui semble barrer la vallée. C'est un site ravissant. La rivière décrit une boucle autour d'un rocher sur lequel une haute tour d'église surgit de la verdure. Des toits pressés, des murailles croulantes, des débris fiers encore du château qui constituait une abbaye fortifiée, séduisent le voyageur. L'église renferme quelques objets précieux. Autour du village les coteaux sont couverts de cultures bien soignées, blé et maïs, encadrant quelques pans de vigne.

En amont la route pénètre dans l'Aude après avoir franchi l'Hers, non loin d'un pont élégant et hardi du chemin de fer ; la rivière coule entre de beaux arbres ; sa vallée rétrécie devient plus riche, il y a d'opulentes luzernes. Autour des fermes s'en vont des bandes d'oies blanches et grises, conduites par des enfants. On met de bonne heure ceux-ci au travail : voici un bambin de trois ans à peine, tout de rouge vêtu, moins haut que ses oies et qui les mène aux champs avec une amusante habileté.

Le soir tombe, une délicieuse lumière fluide baigne toutes choses, donnant une netteté extrême aux collines des bords de l'Hers et là-bas, vers le sud, aux monts hérissés de sapins du Plantaurel et du pays de Sault. Au débouché d'un vallon, le village de Sonnac se blottit dans les arbres, d'où émerge le petit pignon-campanile de son église.

De grands platanes forment désormais avenue sur la route, le paysage s'anime. Sur un coteau le château de Falgas offre une façade de style flamand, tandis qu'une autre est flanquée d'une tour recouverte d'un dôme surmonté d'une lanterne.

Au fond du paysage, dans un bassin qui semble fermé, voici *Chalabre*, signalée par la tour octogonale de son église dont la grande nef percée de fenêtres ogivales domine le groupe des toits. L'ancienne capitale de la « *Terre Privilégiée* » est assise au pied de hautes collines entre lesquelles s'ouvrent des vallons offrant passage à des chemins qui rayonnent vers le Razès et le Mirepoix. L'Hers, le Blau, le Chalabreil, s'y réunissent. Cette situation était excellente au point de vue militaire, à une époque où toute cette région était sans cesse menacée par les incursions espagnoles ; aussi Chalabre devint-elle la cité principale du pays après la destruction de Pendels, capitale primitive, et l'abandon de Puivert.

Chalabre n'a pas le plan correct des bastides, mais elle possède cependant la classique place centrale et ses rues indiquent un tracé préconçu. Mais la vie abandonne ce noyau féodal pour se porter sur les boulevards plantés d'arbres touffus qui ont remplacé l'enceinte. Sur un coteau, entre le Blau et le Chalabreil, se dresse encore le château des barons de Chalabre, édifice flanqué de tours carrées couronnées de créneaux. Ce château renferme la statue de Pons de Bruyères-le-Châtiel, un des lieutenants de Simon de Montfort, à qui le conquérant donna la principauté de Kercorbis.

Malgré l'éloignement des voies ferrées qui vient seulement de cesser et le peu d'abondance de ses eaux, Chalabre est un centre industriel vivant ; ses fabriques de drap, jadis actives, que faisait mouvoir un canal dérivé de l'Hers, ont été remplacées par la chapellerie de laine. Les villages environnants sont également travailleurs. Jusqu'à la ville ariégeoise de Lavelanet, on rencontre une grande variété d'usines.

Le ruisseau de Blau n'est pas assez abondant pour alimenter des manufactures ; sa vallée, très agreste, est parcourue par une route conduisant de l'Aude à Espéraza et, par un embranchement, à Quillan. Cette région assez solitaire aujourd'hui fut jadis le cœur du pays, le sire de Bruyères ayant fixé sa première résidence au château de Puivert, dont les ruines puissantes commandent l'entrée d'un large bassin qui était un lac, même à l'époque historique ; il fut vidé en 1289 par un seigneur qui fit rompre la digue, entreprise menée avec si peu de précaution que les eaux se précipitant dans le Blau et ensuite dans l'Hers allèrent détruire la ville de Mirepoix. Les habitants changèrent l'emplacement de leur cité pour éviter une nouvelle catastrophe.

Le château de Puivert, sous lequel le lac se précipita, était célèbre bien avant la guerre des Albigeois et la conquête du Midi par le Nord ; les seigneurs que Simon de Montfort et ses alliés devaient troubler dans leur tranquillité heureuse avaient fait de leur castel un rendez-vous de troubadours ; là eut lieu le premier concours poétique dont il soit question dans l'histoire du Languedoc. La forteresse est depuis longtemps abandonnée, mais les ruines demeurent, sauvegardées par leur classement comme monument historique.

Un peu au sud de Chalabre, le Riveillou gagne l'Hers près d'une active scierie. La rivière qui vient de longer la base d'une des sections du Plantaurel, tourne brusquement vers le nord en se tordant au sein de prairies bordées d'anciennes usines. Une route bordée de platanes la remonte et traverse le bourg travailleur de Sainte-Colombe-sur-l'Hers, de prospère allure par ses maisons blanches ayant deux ou trois étages.

Sainte-Colombe a conservé ses manufactures de lainage ; elle file les laines du pays et tisse des draps, l'Hers y fait mouvoir une tournerie où l'on fait des bâtons de chaises et deux importantes fabriques de peignes en buis et autres bois durs. Malgré la concurrence du celluloïd, ces produits conservent la faveur d'une clientèle étendue.

Cette industrie est plus considérable dans les deux bourgs très voisins du Peyrat et de Labastide-sur-l'Hers, avec lesquels nous rentrons en Ariège. Une raide arête du Plantaurel domine ici la vallée, plissée par quelques vallons ; dans l'un d'eux, sous le hameau de Rivals, sourdent des eaux minérales. Ce chaînon est nettement coupé par l'Hers, et forme un des fragments de ces *petites* Pyrénées sectionnées par les rivières. L'arête, qui semble tracée à la règle par quelque géomètre, a, de ce côté, son point culminant (762^{m}) au-dessus du Peyrat, village qui ne forme en quelque sorte qu'une seule agglomération avec Labastide.

Groupe singulièrement vivant, constituant un des centres français de la fabrication du peigne. On met en œuvre, outre le buis, la corne de bœuf du pays et la corne de bélier. Depuis quelques années, on travaille aussi la corne d'Argentine, celle d'Irlande et le buffle.

L'Hers n'étant pas toujours suffisant pour actionner les ateliers, on a recours à la vapeur.

Le Peyrat, village aux contrevents gris, possède ses usines au bord de la rivière. Une d'elles fabrique les boîtes en carton nécessaires à l'emballage des peignes et des perles de jais qui sont une autre industrie de Labastide. Ce dernier bourg est plus considérable ; il borde la rivière débouchant par la fracture du Plantaurel à l'entrée de laquelle sont les bains de Foncirgue, où l'on exploite des eaux salées. Les rives de l'Hers sont bordées d'une double rangée de grands platanes ; le torrent, d'une admirable transparence, car les grandes sources de Fontestorbes qui l'alimentent sont proches, fait également mouvoir les tourneries qui fabriquent les perles. Il y a dans toute cette région, un des plus curieux exemples que l'on puisse voir de coupure de montagnes par un torrent. Le Plantaurel forme deux rangées parallèles d'arêtes hautes et étroites séparées par un intervalle de deux kilomètres, que remplit un autre système montagneux aux lignes moins nettes et divisé par les vallons. L'Hers, descendu des Pyrénées, a déjà coupé une chaîne à Bélesta ; il longe un moment l'arête du Sud, tourne brusquement à droite et perce le chaînon par un fort beau défilé. A peine a-t-il achevé de franchir l'arête, qu'il rencontre le massif intermédiaire dans lequel il pénètre par un étroit vallon de prairies, avant de couper la dernière barrière, vers les bains de Foncirgue.

Un joli chemin utilise ces coupures pour relier La Bastide à Bélesta. En le suivant, on a pendant longtemps en vue le massif de Tabe, couronné par le pic Saint-Barthélemy, superbe de forme, âpre par ses flancs, ayant encore de grands pans de neige. Le couloir de l'Hers semble le vestibule qui conduit à l'admirable montagne.

Mais celle-ci est séparée du voyageur par un massif de monts d'aspect fort rude, d'où l'Hers ne triomphe qu'en creusant de grands défilés dont il s'échappe vers Fougax, très pauvre encore, pour venir absorber le flot autrement puissant de Fontestorbes.

*
* *

Lavelanet. — Entre deux arêtes du Plantaurel, un chemin s'élève jusqu'au petit seuil dominé par l'église isolée de Saint-Jean-d'Aigues Vives et descend sur Lavelanet, ville bâtie dans une splendide situation, à l'entrée d'une des plus étonnantes coupures du Plantaurel. Malgré sa modeste population, elle est, pour le nombre des habitants groupés dans le centre, la cinquième ville d'Ariège. Au point de vue des affaires, elle est plus importante que Foix et son industrie est autrement variée que celle de Pamiers.

Quand on arrive à Lavelanet par les bords du Touyre, c'est-à-dire les défilés du Plantaurel, devant soi, au-dessus d'une première chaîne de montagnes, on découvre une cime chauve qui se dresse comme une tête d'éléphant. Une dépression du rocher forme le cou d'où se renfle l'énorme mufle ; et, le soir, le jeu des ombres aidant, on peut distinguer l'œil, les larges oreilles de l'animal indien. Sur son vaste crâne se dessine une masse carrée, semblable à ces ornements de bronze dont les asiatiques décorent leurs éléphants de combat. Cette ruine, c'est Montségur, et le donjon féodal se montre aux yeux du voyageur émerveillé, à peu près dans le même état que le Castellum romain apparut aux regards anxieux des Albigeois fugitifs, il y a plus de sept siècles (1204).

Le soir, le temps étant à l'orage, nous vînmes coucher à Lavelanet, située, comme disent les chroniques, *juxta castrum Montis-Securi*. Montségur se trouve à deux lieues de là, dans la montagne et le célèbre donjon apparaît encore, dominant de sa haute cime les collines boisées et rocailleuses de Serrelongue, et les nuages qui flottent sur les vallées.

Par ses belles constructions, ses rues propres, ses boutiques, les arbres touffus qui bordent les quais de Lille, Lavelanet donne l'impression d'une cité riante et prospère. La filature et le tissage de la laine y sont fort actifs ; à chaque instant on voit passer dans les rues des ouvriers portant des fils et des tissus, draps communs, noirs ou bruns. On y compte plus de trente fabriques, plusieurs filatures et des ateliers d'effilochage pour les vieux chiffons de laine qui servent à fabriquer les tissus « renaissance. »

Construit sur le Touyre, un torrent de montagne qui sort tout écumant des gorges de Montferrier, le bourg ancien s'allonge sur sa rive droite, resserré entre deux monticules rocailleux et boisés de chênes. L'un, celui de l'Est, supporte le château ; et l'autre, celui de l'Ouest, est couronné d'une chapelle, dédiée à Sainte-Rufline. Au XIIIe siècle, le bourg et son territoire étaient le domaine indivis de Bérenger de Lavelanet et de Ramon de Pérella. Les deux cousins étaient du même âge ; ils avaient la même foi ; ils partagèrent la même destinée jusqu'au trépas. Seulement, dans ce tragique drame, Bérenger, moins riche, moins viril, moins héroïque, n'est que la doublure amoindrie de Ramon, et comme son Pylade chevaleresque. Après la chûte de la forteresse albigeoise, tout le pays d'*Olmes* confisqué fut inféodé au maréchal de la croisade dont les descendants s'intitulèrent marquis de Mirepoix, vicomtes de Lavelanet et seigneurs de Montségur, titres qu'ils ont conservés jusqu'à la Révolution française.

Au pied du château, dont les murs croulants et disloqués dans leurs assises ne semblent être retenus que par les crampons et les nodosités de leurs vieux lierres, se trouvent l'église et le moulin. L'église est moderne, mais son enceinte indubitablement a servi au culte albigeois. Le catholicisme, à son retour, y sculpta un monument de sa victoire : c'est la chaire. La chaire actuelle, quoique ancienne, ne remonte pas jusqu'au XIIIe siècle, mais elle a vraisemblablement été sculptée sur un modèle contemporain du catharisme vaincu. La forme en est pentagonale : les panneaux supérieurs représentent la Vierge et les quatre Evangélistes avec leurs animaux symboliques. Deux anges soutiennent et défendent la chaire de la Croisade. Elle écrase de son pied une cariatide, courbée dans une attitude pénible, les mains sur ses genoux ; sa tête est foulée par les pieds des Apôtres et de la Vierge ; elle mord sa lèvre en un mouvement convulsif de rage et de douleur. Le front est noble, le nez aquilin, la face ascétique, le type oriental. Elle est coiffée d'une espèce de tiare asiatique. C'est évidemment l'image de l'Albigisme écrasé, et cette chaire un monument de la victoire romaine. Le moulin féodal est en face de l'église sur la branche factice du torrent qui bouillonne souterrainement et mugit à de noires écluses qu'il blanchit de son écume.

Aujourd'hui, la piété populaire a construit au sommet du mont *Sainte-Ruffine*, en face des ruines du château de *Castelsarrasin*, au-dessus de la ville, une chapelle, au lieu même où, jadis, l'autel de la Lune s'élevait dans son bocage aérien. Cet oratoire ne manque pas d'un certain charme pittoresque et d'un vague attrait religieux, surtout lorsque sa cloche agreste fait entendre, du milieu des rameaux, les tintements mélancoliques de l'*Angelus* du soir. Mais combien cet édicule est mesquin en face du gigantesque autel dressé par le christianisme albigeois, sur un piédestal de montagnes et de nuages! Nos regards ne pouvaient se détacher du sanctuaire dont la masse grise et carrée comme un tombeau se profilait vivement sur le fond noir de la chaîne centrale où se réverbéraient les rayons du soleil couchant. Des nuages sombres flottaient à sa base et suspendaient dans le ciel la grande Ruine qui reposait immobile sur ces tempêtes, et vaporeuse et rayonnante se transfigurait dans la lumière du soir comme dans la gloire de ses martyrs. La nuit tomba insensiblement ; elle nous déroba enfin l'aspect des ruines, et nous nous endormîmes au bruit des eaux qui murmurent continuellement dans les rues de Lavelanet.

***

A Montségur. — Ce pays de Lavelanet, aujourd'hui si calme et dont le nom viendrait, dit-on, des avelines ou noisettes qui croissaient sur les hauteurs environnantes, a vu l'un des plus grands drames de la guerre des Albigeois. Le piton de Montségur, qui se dresse si farouche au pied du massif de Tabe, fut témoin de scènes aussi terribles que celles de Minerve et d'Avignonuet.

Une aimable route mène au pied de la montagne par les bords du Touyre qui anime les usines et les villages de Villeneuve-d'Olmes et de Montferrier, annexes de l'industrie lavelanétienne. La vallée est jalonnée de forteresses ruinées qui jouèrent un rôle dans les sanglantes luttes du Moyen-Age. Lavelanet a, comme nous l'avons vu, les vestiges d'un castel sarrasin, Villeneuve-d'Olmes, les débris d'un château ; Montferrier, qui possède une église contemporaine du grand drame, est dominée par de lourdes murailles.

Au sortir de Montferrier, le vieux donjon apparait au fond d'une haute gorge qu'il barre de sa masse, campé tout en travers, rapproché, mais à ce qu'il semble inabordable, sur son roc morne et désolé. On dirait un vaisseau foudroyé sur un écueil.

Nous montions sur la rive droite du Touyre : la vallée que nous côtoyions était couverte de maïs dont les feuilles à demi desséchées laissaient entrevoir les longs épis dorés et chevelus. Le chemin serpentait dans cette gorge inégale, largement déchirée et qui s'ouvre alternativement sur d'étroites vallées. Il monte toujours, d'abord insensiblement et par de longs circuits, puis tout à coup par de raides et brusques zigzags : ces gigantesques degrés conduisent au pied de la montagne du château sur la brèche du *Tremblement*. Nous en gravissions lentement les rampes, lorsqu'un tourbillon se leva du couchant : nous ne vîmes plus à gauche les ruines sur notre tête ; elles étaient enveloppées d'un nuage ; le vent bruyant et plaintif roulait impétueusement la nue autour des créneaux en l'effilant comme un panache. De ce col élevé, une gorge nouvelle s'ouvre vers le Sud-Ouest, et descend rapidement dans un val profond qui s'élargit en un bassin triangulaire. Au fond de ce bassin on tombe tout à coup sur un village qu'on ne soupçonnait pas dans cet abîme. C'est le village de Montségur assis au pied de trois montagnes, aux crêtes grisâtres, aux flancs hérissés de noirs sapins, et d'un aspect triste et sauvage. Un torrent y met en mouvement quelques scieries en fuyant vers la forêt de Bélesta dont les cimes presque inaccessibles étaient autrefois peuplées d'ours.

⁂

Le village de Montségur. — Le village de Montségur est un ramas de maisons, étagé par rangs parallèles, entrecoupé de ruelles tortueuses, jeté sur la berge abrupte à l'aspect du Sud et croupissant dans la boue et fumier des troupeaux. Ces parcs à vaches, ces toits à porcs, voilà donc ce qui fut pendant plus d'un quart de siècle l'asile de deux princesses, de grandes châtelaines naguère reines de cours d'amour, de barons et chevaliers, héros de romans, de ballades et d'épopées.

C'était le dimanche (4 septembre) ; la cloche rustique sonnait l'office du matin, et nous trouvâmes les habitants, presque tous bergers, bûcherons et cultivateurs, devant l'église qui n'est elle-même qu'une grande cabane, un vaste bercail surmonté d'une croix : mais nous ne tardâmes pas à nous apercevoir que les événements dont les ruines tragiques furent le théâtre échappent à leur souvenir. Tout cet horrible drame n'a dans leur esprit que la vague et fantastique consistance d'un songe. L'histoire de leurs ancêtres a pour ces montagnards le merveilleux d'un conte arabe. Mais ils aiment ces héros ignorés ; ils sont fiers de ces martyrs inconnus ; ils confondent ces géants avec les Sarrasins, les Ibères et des peuples fabuleux.

L'église de Montségur n'est, comme la foi de son peuple, qu'une construction informe et rustique. Elle ne remonte pas jusqu'au Moyen-Age, et l'inscription latine que l'on déchiffre à grand peine sur la façade ne nous révéla que le nom du maire qui en fit récrépir les murs, il y a quelques trente ans. Mais nous avions hâte d'explorer la célèbre forteresse qui, nous l'avons vu, conserve encore pour ces bergers un reste de mystère et de vague prestige fatidique. « Allez, nous disaient-ils ; vous pouvez monter ; les *Menjous* ont disparu, la montagne est claire ; vous n'aurez point d'orage ! » Nous primes un guide, et après quelques heures de repos, nous montâmes aux ruines. Quelque envie que nous eussions de profiter du beau temps pour monter aux fameux gourgs du Saint-Barthélemy, source sauvages de l'Hers, nous résolûmes cependant de visiter ce jour-là les ruines historiques ; nous visiterons ensuite, si le temps le permet, les gouffres de la nature.

*
* *

Deux légendes. — La forteresse albigeoise se voit à peine du hameau ; elle se présente latéralement sur son sommet ; on dirait d'en bas une petite ruine cyclopéenne. Nous remontions le col d'où nous étions descendus le matin et nous repassâmes devant la tombe de Ferrocas. Qui était ce Ferrocas (Ferre-chiens) ? Un vieillard sceptique, nous dit notre guide, un philosophe des bois. On ne le voyait jamais à la messe, jamais au confessionnal. Il prétendait que la religion du prêtre était autre que la religion du Christ. Le curé l'admonesta plusieurs fois ; il le dénonça publiquement du haut de la chaire ; il le menaça de l'enfer. Rien ne pût ébranler le vieillard. Il ne voulut pas voir de prêtre à son lit de mort. Le curé résolut de faire un grand exemple et défendit qu'on portât son corps à l'église ni au cimetière. Il le fit enterrer sur la voie publique comme un chien. On lui creusa sa tombe ici sous une grande aubépine, et ce fut son monument funèbre.

Après que notre guide nous eût raconté ce petit épisode, nous l'interrogeâmes sur les origines de la forteresse. « Voyez-vous, nous dit-il, cette montagne que le col sépare de la montagne du château ? On l'appelle *l'Aire de l'Espagnol*. Eh bien ! ajouta-t-il sans sourciller, les maçons se tendaient d'une cime à l'autre la truelle et le marteau. » La distance est au moins d'un kilomètre à vol d'oiseau. Telle est la stature que la légende suppose à ces prodigieux constructeurs qui font ressouvenir de Babel. Mais qu'est ce que ce géant espagnol qui pétrissait le ciment et taillait les blocs, et de son chantier les lançait aux ouvriers qui bâtissaient sur le plateau de Montségur ? Ne serait ce pas une personnification de la race ibère, quelque Géryon cantabre qui, de cette cime avancée, défendait contre les invasions de l'Hercule gaulois, les pommes merveilleuses des Hespérides, c'est-à-dire l'Espagne elle-même qui a la forme d'une grenade, à l'écorce de marbre et aux pépins d'or ?...

***

Le château. — Le site de Montségur est d'une intensité d'effet dramatique à laquelle les descriptions les plus évocatrices doivent rester inférieures. S'il n'a pas la majesté des cimes pyrénéennes, s'il n'a pas l'étendue des grandes forteresses historiques, il provoque une émotion plus profonde et plus puissante, parce qu'il semble porter la trace de cataclysmes gigantesques, et parce que sur chaque rocher, sur chaque pierre, quelque chose d'humain semble s'associer à la tristesse des choses. Ce ne sont pas seulement les immenses traînées des murs, les donjons éventrés et les créneaux démantelés qui donnent cette impression. La végétation elle-même, les fougères rousses, les bruyères s'accrochent au rocher comme des araignées gigantesques, et les châtaigniers, les chênes et les sapins centenaires, sont là comme des témoins éternels. Nulle part, la nature n'a réalisé un décor à la fois plus savant et plus ingénu, et nulle part, sans doute, l'épopée médiévale ne nous apparaît, à travers la brume des siècles, plus hautaine et plus tragique.

La montagne s'élève en ondulant de l'est à l'ouest; sa cime s'élargit en tête d'éléphant. C'est sur son plateau qu'est obliquement posée la forteresse. Ce plateau, escarpé de toutes parts, serait absolument inaccessible, si vers le sud-ouest, le rocher ne s'abaissait en talus rapide vers le col supérieur. Arrivés au pied de ce talus, nous abordâmes de front la montagne du château. Nul sentier que celui des troupeaux qui viennent y brouter des tiges de fougères. Nous allions gravir en un quart d'heure la rampe abrupte que mit six mois à escalader la tour mobile des croisés. Cette lente ascension prouve et la raideur de la roche et l'acharnement du combat. La forteresse mutilée a perdu ses premières murailles, et le sol penchant n'offre plus jusqu'au sommet que l'aspect d'une carrière bouleversée et encombrée d'un énorme amas de rocs anguleux. On dirait que l'architecte surpris par la guerre n'a pas eu le temps de déblayer les alentours de la forteresse. L'histoire confirme cette conjecture, et fixe avec précision par son ogive l'âge du monument. Il est des premières années du XIIIe siècle (1204). On y travaillait encore lorsqu'au commencement de la Croisade, la Patrie Romane vint réclamer cette roche pour s'y préparer, contre les hasards des batailles, un refuge aérien.

***

Le château. L'architecte est inconnu. Mais quel qu'il fut, il était évidemment méridional. Il n'admet dans sa construction que la ligne droite et la forme rectangulaire. Ces chimères, ces gorgones, cette monstrueuse ornementation, si commune dans les maçonneries de ce temps, sont rigoureusement bannies de la forteresse albigeoise. Point de tours ni de tourelles angulaires, ni même à proprement parler, de meurtrières latérales : seulement une dentelure de créneaux semblable à une couronne. C'est moins un château qu'une arche de refuge. Montségur, sans autre défense que l'escarpement de son site, trouvait sa seule sécurité dans son élévation parmi les nuages.

Après ce phénomène architectural, ce qui frappe le plus dans ce vieux castel, c'est son exiguité. On s'étonne d'un si petit théâtre pour tant de gloire et d'infortune et d'un espace si étroit pour la mort d'un peuple et d'un siècle. Le monument remplit exactement le sommet; il peut être long de cent mètres, large de vingt, haut de dix jusqu'à la base des créneaux, et l'épaisseur des murs, d'environ deux mètres, rétrécit encore le champ d'un courage immense et d'un héroïsme immortel. Au milieu de la façade s'ouvre une porte d'environ trois mètres de hauteur, et c'est de ce côté l'unique ouverture si l'on ne compte pas deux archères, ou pour mieux dire, deux lucarnes percées sous les créneaux encore debout dans la partie du Nord qui formait le donjon. L'édifice est construit avec un calcaire brun, arraché à la cime même, et qui donne à ses murs la teinte du plomb et la dureté de l'airain. Le paysage est en deuil et sa tristesse s'accroît encore de la verdure funèbre des buis et de la grande mélancolie des sapins. De sorte que le vieux manoir s'élève dans son site lugubre comme le mausolée dévasté du clan pyrénéen. Le temps, l'ouragan, la bataille qui envahit tumultueusement sa plateforme en ont défoncé la voûte et lancé dans les ravins une partie de ses créneaux. Le pic du montagnard s'efforce encore parfois d'en arracher quelques pierres. Mais voilà tout; le temps, en somme, respecte sa masse vénérable, et la décore même, non de lierres, de giroflées et de cette végétation dont il revêt les vieux manoirs gothiques, mais en conservant sa nudité vierge plus belle que les fleurs. A ses murs frissonnaient seulement quelques fibres d'alizier à la feuille si élégamment découpée, et une églantine d'automne dont le cœur de miel contrastait avec ses pétales d'un rouge sombre.

Cette porte de pierre, où tant d'hommes, tant d'années et de tribulations ont passé, semble encore toute neuve. L'arc en est légèrement ogival : nulle trace de verrous, de pitons, de gonds, ni de herse. Nous entrâmes et nous nous trouvâmes dans une salle gracieuse. La voûte, dont l'ogive est encore visible sur les murs d'appui, forme aujourd'hui de ses décombres le sol d'où le pic du montagnard a naguère déterré un squelette humain, des monnaies féodales et un vase de cuivre de forme élégante. Nul vestige de compartiment, si ce n'est à l'angle intérieur du sud, un carré semblable à un puits rempli de gravois et qu'on appelle en effet *la citerne*. Nous étions évidemment dans la salle capitulaire. C'est ici que Ramon de Perelha réunissait ses vassaux et pendant la guerre ses chevaliers. C'est ici que Guilhabert de Castres prêchait habituellement, adossé au mur de l'ouest et la face tournée vers l'orient. C'est ici encore qu'il fit la grande réorganisation de la hiérarchie albigeoise destinée à lutter contre l'Inquisition (1232).

Pendant que nous examinions la salle spacieuse, le vieil Audouy, notre guide, prétendit qu'il existait une chapelle et nous montra le mur qui divise environ un tiers de l'édifice au nord, et dans ce mur, à un mètre et demi du sol, une meurtrière dégradée. Cette archère intérieure nous révélait le donjon. Nous avons remarqué tout à l'heure un creux nommé *la citerne*. C'était incontestablement l'escalier descendant dans les souterrains. La montée du sol annonce une voûte, et l'exigüité relative du manoir supérieur fait supposer l'existence de souterrains probablement immenses. C'était là le grenier, le magasin, l'arsenal des défenseurs de Montségur. Eh bien, cet escalier aboutissait à l'angle occidental de la grande salle. Là, au point de jonction du mur d'enceinte et du mur transversal, s'ouvre dans la maçonnerie un second escalier montant du souterrain à la plate-forme. La vis en est détruite et la chute des gradins supérieurs obstrue le fond de la tour, où l'œil admire encore, sur la paroi circulaire, la grâce de sa spirale. C'est par là qu'on pénétrait dans le donjon, mais depuis que le souterrain est fermé on n'y monte plus que par la grande salle et par l'archère intérieure élargie et dégradée. Nous gravîmes par cette brèche dans le donjon que la forme ogivale de sa voûte récemment tombée a fait prendre pour une chapelle. Le sol, plus élevé que celui de la salle capitulaire, est couvert d'orties et de grandes herbes. Deux meurtrières, d'un mètre environ de hauteur, s'ouvrent sur le vallon de Montségur, deux autres à l'opposite sur le ravin de Serrelongue. Parrallèles à la porte dont elles ne défendent pas l'abord, les premières méritent à peine le nom de meurtrières, et les secondes plongeant sur un horrible escarpement à pic, ne sont en réalité que des lucarnes d'observation qui surveillent les montagnes dans la direction de Lavelanet.

Les murs sont crépis à l'intérieur d'un ciment qui n'est probablement que du plâtre rose que le temps a durci comme le granit. La teinte en est encore vive dans le donjon, mais délavée par les pluies dans la grande salle. De cette dernière pièce où nous sommes redescendus, une seconde porte extérieure s'ouvre a l'Est sur les derrières du château. Le rocher y forme comme un balcon inégal, raboteux, hérissé de grandes herbes, et bordé de broussailles qui se balancent sur l'escarpement abrupt, immense, vertigineux ; effroyable fossé, tranchée de géants, justement nommée l'*Abés*. Du fond de ce val, un contre-fort de rocher monte jusqu'au sommet pour étayer le plateau qui suspend la forteresse sur l'*Abîme*. Ce contre-fort, fléchissant, dirait-on, sous le poids, s'est brisé à mi-hauteur, et sa déchirure forme un éperon aigu où le pâtre s'est tracé un sentier pour descendre dans le ravin. Ce passage s'appelle le *Pas de Christolet*.

Le sacerdoce albigeois sortit par la porte de l'Est, et se répandit sur la montagne, vers les cabanes isolées sous les grands hêtres et les vieux chênes de la forêt. Le château se referma derrière les proscrits, et ils se trouvèrent recueillis, comme dans une île de roc, escarpée, inaccessible, aérienne. Assis au-dessus des nuées, adossé à un immense abîme, flanqué d'abrupts escarpements, entouré de ravins dont la profondeur varie de 500 à 1000 mètres, uniquement accessible par le talus presque vertical du Sud-Ouest, Montségur pouvait se croire inexpugnable à tout ennemi qui n'accourrait pas sur les vents, comme la faim et la mort. Cependant, à la défense naturelle des précipices, on avait cru ajouter quelques travaux d'art ; on avait évidemment clos le balcon oriental d'une porte, et accru, en déchirant le rocher, l'escarpement du mur méridional. Puis, deux kilomètres plus bas, on avait, à l'extrémité de la montagne, placé, comme en vedette, une tour, dont on voit encore les restes, chargée de garder la gorge de l'Hers. Enfin, on avait posé en avant de la façade du château, une barbacane, dont la demi-lune se reliait à la porte principale. La forteresse par cette disposition, se trouvait sans porte extérieure à l'Ouest et sans autre accès que la poterne de la barbacane dont l'abord était défendu par les archères du corridor et du donjon.

C'est par cette poterne dérobée qu'étaient entrés les chevaliers albigeois. Mais habituellement par où pénétrait-on dans le château ? Ici la tradition vient en aide à l'histoire. Selon les pâtres ; il existait un vaste système de souterrains : il avait deux ramifications immenses : l'une reliait le château à la tour de l'Hers ; l'autre venait aboutir, par une spirale de 3000 degrés au village de Montségur. C'est par cette bouche que la forteresse s'alimentait, s'approvisionnait, correspondait avec le monde qu'elle contemplait du sein des nuées. La montagne, poreuse de sa nature, est donc creusée d'escaliers, de cellules et de corridors, et si l'on pénétrait dans ses entrailles, on trouverait peut-être encore les tombeaux des chevaliers, des barons et des évêques morts à Montségur. Les alvéoles de cette ruche platonicienne étaient des sépulcres. Il y avait donc deux colonies : dans le val, le clan servile et rustique ; c'est le hameau de Montségur. Sur la Roche, la tribu chevaleresque et sacerdotale. Ses cabanes de feuillages, ses cellules, ses grottes éparses sous les chênes et les sapins de la forêt, s'étendaient entre le château et la tour de l'Hers. Mais il n'en reste plus rien ; les maisons ont été détruites par les vainqueurs, leurs vestiges par les ouragans, et leur souvenir même par les siècles...

Tel était Montségur ; mais quel que fut son escarpement, il fut pourtant escaladé. De quel côté ? Du Nord et du chemin de Lavelanet. L'ennemi rampa comme un serpent, pendant la nuit, à une effroyable hauteur, sur les aspérités du roc vertical, et, tournant la base du donjon, aborda le trottoir oriental. Il frappa par derrière et en traître l'invincible château.

L'exploration du site et des ruines terminées, nous nous assîmes, curieux encore, à l'angle Sud-Ouest du manoir, sur des roches revêtues de mousses. Et, là, immobiles et silencieux, nous fûmes quelque temps à contempler dans un mélancolique ravissement, le magnifique horizon pyrénéen qui entoure Montségur. A droite, dans le val, se cachait le village, aux maisons recouvertes de tuiles rouges, disposées comme des ruches d'abeilles. A gauche, on découvrait l'Abés, où les vaches de Serrelongue paraissaient comme des agneaux. Au delà, les villages moresques, et dans le lointain Lavelanet et la route blanche de Mirepoix. En face, vers le Sud, un pic triangulaire ; près de sa cime une vaste grotte : on dirait une bouche de géant contractée d'effroi. L'Hers coule au Sud de cette montagne ; on le voit descendre des gorges sauvages, plonger et replonger sous la terre, comme une couleuvre effarée, puis serpenter au Levant dans les lointains grisâtres, ondulés de montagnes, semblables à des vagues, et tigrés par les noirs sapins de la forêt de Bélesta. Le torrent, après avoir baigné Léran, Mirepoix, Mazères, se perd dans l'Ariège, au-dessous de Boulbonne, nécropole des Comtes de Foix : il sort d'un gouffre et finit près d'un sépulcre. Le plus brillant soleil éclairait cette scène unique au monde : il enflammait les neiges vierges des Pyrénées et les vapeurs des collines environnantes, tandis que les nuées éclatantes entouraient d'une gloire ce sépulcre de la Patrie Romane.

O voyageurs qui courez par les routes d'Ariège à la recherche de sensations toujours nouvelles, n'oubliez pas le chemin de Montségur, de cette citadelle aux ruines hautaines, qui parlent le langage émouvant du passé, qui gardent le reflet des héros et des évènements, et vous emporterez de votre visite à la *Roche tragique*, une impression puissante et inoubliable, l'impression d'hommes qui viennent de vivre quelques heures avec plusieurs siècles d'histoire!...

*
* *

Montségur, 5-6 septembre.

Quel était le but des deux étrangers qui, après avoir escaladé les pentes tragiques du vieux castel, demandaient à présent un guide pour les diriger vers le *pic Saint-Barthélémy* ? C'est ce que chacun se demandait à l'auberge du vieil Audouy? Etions-nous des géographes? On pouvait le penser, car, munis de bonnes cartes, nous nommions les moindres lieux, et, comme les chasseurs d'isards, nous connaissions les passages difficiles. D'autres nous prenaient pour des médecins ambulants, venant faire provisions de racines salutaires. Mais bientôt nous fûmes déclarés des *chercheurs d'or*, et il ne fut bruit dans le village que de la hardiesse, ou, mieux encore, de la témérité de deux imprudents qui allaient visiter les affreux gouffres du Saint-Barthélemy. L'ouvrage de Schrader, sur la géographie pyrénéenne, relié en maroquin rouge, qu'on nous avait vu feuilleter, fut pris par plusieurs curieux qui, sous divers prétextes, s'étaient introduits dans l'auberge, pour un livre de sorcellerie. Les commérages allaient bon train ; et qui, à Montségur, oserait hanter les devins et les sorciers ? Aussi, malgré l'offre d'un fort salaire, nul guide ne se présentait. Un homme dans l'âge s'offrit à la fin ; il voulait nous accompagner jusqu'auprès du premier étang ; mais il ne consentait pas à aller jusque-là. — Il y a donc de grands périls à risquer pour atteindre ce lieu ? lui dis-je. Aucun cours d'eau considérable ne s'offre sur le passage ; à peine si nous aurons à reprendre quelquefois haleine, en gravissant les côtes qui nous séparent du pic majestueux. — Oh ! ce n'est pas cela qui me retient, me fit-il ; je sais qu'en n'employant que les moyens naturels vous arriverez sans danger, après cinq heures de marche, au premier étang ; mais écoutez : chacun tient à sauver son âme, et rien ne me dit que vous n'iriez pas me vouer au diable ; car, en faisant un prix avec vous, je vous appartiendrai jusqu'à notre retour ici ; on ne trompe pas un vieillard.

Etions-nous éveillés ? Veuillez vous expliquer, brave homme ; que craignez-vous ? Mais il n'eût pas le temps de nous répondre ;

sa femme l'entraina, soutenant que, pour tout au monde, elle ne voudrait pas voir partir son mari avec des gens qui savent lire dans le grand Agrippa.

Eh bien ! que vous en semble ? me dit mon compagnon de voyage ; nous voilà sorciers, des âmes perdues. Voyez-vous deux pauvres excursionnistes, à une autre époque, accusés de sorcellerie, brûlés vifs comme deux bêtes féroces, sur la place de Montségur, à la grande joie et satisfaction des habitants ?

Aussi sans chercher plus longtemps des guides parmi ces esprits naïfs, encore asservis par ces ridicules croyances qui amoindrissent la dignité humaine, chargés des vivres que nous avait préparés à la hâte l'aubergiste, nous perdions bientôt de vue dans l'obscurité matinale les maisons de Montségur et la silhouette de son château. Le Lasset, caché parmi les arbres qui recouvrent le sol de la vallée profonde qu'au-dessous du sentier le torrent s'est creusé, à travers les dépôts de cailloux roulés par ses eaux primitives, faisait entendre à nos pieds son éternelle chanson monotone. Puis, lorsque nous eûmes longtemps errés à travers des prairies et des forêts sans fin, comme le soleil se levait à l'orient, deux jeunes pâtres se présentèrent pour nous accompagner. Nous avions dépassé la zone des sapins qui, sur les pentes des monts, tracent de loin une écharpe noire semblable à la ceinture dont on entourait les domaines féodaux et les églises de village à la mort des anciens seigneurs. Quelques pins isolés se montraient de loin, comme pour égayer ce triste paysage de leur vert jaunâtre. Un sentier à peine tracé indiquait que l'homme régnait encore en ces lieux ; il conduisait, en effet, à la cabane des vachers, jasse immonde appuyée contre un rocher exposé au midi, et dont le toit recouvert de gazon venait se confondre avec la pelouse qui l'entourait. On dirait un nid de troglodytes dans le creux d'un vieux chêne, avec ses mousses que l'on ne sait pas distinguer de celles qui croissent au pied de l'arbre séculaire.

Si dans vos courses sur les hautes montagnes, vous avez rencontré le rhododendron avec ses feuilles rouillées en dessous, vous avez dû caresser d'un bien doux regard ces jolis bouquets de fleurs d'un rose si tendre. Oh ! n'arrachez pas l'arbuste à son pays natal, il languirait dans vos jardins ; car il veut les grandes élévations, lui enfant des rochers.

Nous gravîmes quelques pics escarpés, et une heure après, nous nous reposions sur le bord d'un ruisseau qui naît à quelques toises plus haut et dont les sinuosités se dessinent sans bruit sur un lit de verdure... Et c'est avec regrets que nous quittâmes pour escalader les dernières pentes du Saint-Barthélemy, cette petite oasis de mousses. Mais déjà un spectacle nouveau retenait notre admiration muette. Les nuages que nous avions vus se lever, qui, semblables à des flots silencieux, s'étaient roulés à notre suite, nous apparurent comme une mer immense, s'étendant sans bornes par delà les monts qui s'inclinent vers la plaine ; au Sud-Ouest seulement les pics déchiquetés de la chaîne centrale figuraient un littoral et donnaient des bornes à cet Océan de vapeur. La tête du Montvalier apparaissait isolée, au loin, ainsi qu'une ile autour de laquelle seraient venus s'abattre des flots éblouissants, pour mieux faire ressortir les teintes sombres de ses contours escarpés.

Nous marchions sur une crête à double inclinaison dont le faite recouvert de gispet, graminée dure et luisante, devenait un passage difficile. A l'endroit le plus élevé se montrait une croix grossièrement faite à l'aide de quelques quartiers de roche. L'aspect de ce monument, dont les aspérités disparaissaient de loin, était d'autant plus imposant que le lieu était plus désert. Là où les anciennes peuplades pyrénéennes avaient taillé des autels à leurs divinités païennes, les pâtres de nos jours ont placé la figure du Christ ; eux aussi redoutent les influences funestes des éléments qui là règnent en maitres...

Quoique les nuages fussent très près de nous et rendissent la course dangereuse, nous voulions arriver au Saint-Barthélemy, gigantesque masse de granit, surgissant au-dessus des terrains de transition, visiter ses pentes rapides complètement recouvertes de gispet et de rhododendrons, et recueillir de nouvelles chroniques sur les lacs qui fournissent les sources de l'Hers ; mais nos guides s'étant refusés à aller plus loin, nous ne pûmes admirer toutes les beautés naturelles du massif de Tabe, qui signifie *Tabor* dit Olhogaray, à cause des merveilles qu'il renferme.

Du sommet où nous nous trouvions, perchés ainsi que du haut d'un observatoire, nous pûmes cependant suivre de l'œil, malgré la mer de nuages, la suite des montagnes qui séparent la vallée de l'Ariège de celle de Vicdessos et de l'Aude. Ici, ces quelques îlots qui émergent par dessus les flots silencieux, ce sont les hautes montagnes de la vallée de Sos ; là, vers le Sud, les montagnes du Puymorens et le pic Pédrous ; plus loin, du côté du Sud Est, le vieux Canigou élève sa tête neigeuse, et, enfin, au Nord, les regards s'élancent jusques aux rivages brumeux que trace à l'horizon la chaîne des Cévennes. Mais, ce qui doit, dans ces lieux désolés, appeler particulièrement l'attention du voyageur, ce sont les trois vastes étangs que la superstition à rendus si fameux parmi les montagnards. Les bergers n'approchent qu'en tremblant de ces eaux *maudites du ciel.* Une croyance populaire, répandue dans le pays, c'est que si l'on vient à jeter un bloc de pierre dans les étangs, des nuages épais, répandant une odeur suffocante de soufre, s'en élèvent tout à coup, au milieu des éclairs, et des éclats de tonnerre ; c'est un orage qui parcourt la contrée en la ravageant. Un de ces étangs porte le nom d'*étang du diable.* Il y a peu d'années, dit un chroniqueur, ami du merveilleux, que trois étrangers montèrent seuls aux goufres de l'Hers ; le lendemain ils en redescendirent ; mais les prairies que la veille ils avaient laissées riches de leur verdure, étaient flétries ; les récoltes avaient été détruites ; une grêle affreuse était venue s'abîmer sur nos riches vallées. On ne manque pas d'attribuer aux manœuvres de ces paisibles curieux ces terribles événements, et si des personnes moins crédules n'eussent pris soin de les prévenir à temps, ils auraient certainement succombé sous la fureur des populations superstitieuses.

« La montagne de Tabor, a écrit Olhogaray, qui surpasse en hauteur toutes les autres, a en son sommet une plaine, en la plaine un lac, dans le lac des truites en quantité ; l'eau très claire et extrêmement froide dans laquelle si on est si hardy de jeter chose quelconque, on oit et voit aussitost les tonnerres et les foudres en l'air, suivis de gresles, pluie et tempestes, qui semblent vouloir abymer dans les plus profonds aversses ce grand colosse de mont, de sorte que ceux qui sont spectateurs n'en rapportent sur eux que des effets tristes et malencontreux. Mais que voit-on de là ? Ma plume ni ma langue ne pourroyent suffisamment exprimer la beauté du soleil qui se projecte en sa naissance aux yeux de ceux qui sont au matin en ce lieu, avec une forme indiscible, et qui ne peut (car on est ravi en admiration), être comprise de ceux qui curieux veulent examiner les circonstances d'une excellence si rare. »

... Le soir, nos habits furent mouillés, lorsque, en descendant, nous traversâmes les vapeurs qui nous séparaient de ce monde qui venait de nous être révélé pour la première fois. Au-dessous, le jour était sombre, et quand à la nuit tombante nous rentrâmes à Montségur, le soleil que nous avions quitté radieux, ne s'était point levé pour les habitants des vallées...

*
* *

Quand on ira chercher moins loin les sites curieux et que le snobisme n'exigera plus au même degré le classique voyage en Suisse ou dans les stations pyrénéennes, qu'il est de bon ton d'avoir fréquentées, les avants-monts pyrénéens détourneront peut-être à leur profit une part du contingent des touristes. Ces derniers ne regretteront pas de s'être avanturés sur les bords de l'Hers, aux pays de Mirepoix et de Lavelanet, dans ces montagnes où les sites gracieux et grandioses abondent, où l'on trouve les grands bois et les aimables petites villes.

***

Tarascon-sur-Ariège. — Auprès de sa célèbre homonyme, Tarascon-sur-Rhône, bien humble est la menue bourgade de Tarascon-sur-Ariège. Cependant elle joue un rôle plus considérable dans sa pauvre et âpre région que ne le fait dans sa riche Provence le Tarascon populeux, tiré de l'obscurité par le grand, l'immortel Tartarin. Elle est demeurée pour ce pays, jadis si grand producteur de fer, la source suprême de l'activité. Là viennent se métamorphoser en fonte les minerais de Rancié, qui servent à alimenter les forges et les martinets de plus en plus rares de l'Ariège.

Tarascon eut plus d'activité autrefois, aussi la population ne progresse-t-elle pas, mais celle-ci, qui n'a jamais dépassé de beaucoup 1500 âmes, n'a guère décru. Pour ce pays en voie de dépeuplement, c'est presque de la prospérité. Le petit centre, assez gai, s'étend sur les deux rives de la claire Ariège. A droite, au pied d'une butte que couronne le donjon, resté debout, d'une forteresse détruite, est le vieux Tarascon, fait de rues montantes et étroites et d'une large voie formée par la grande route ; sur l'autre rive un quartier plus aéré, Sainte-Quitterie, avoisine la gare et emplit un étroit espace entre le Vicdessos et la rivière maîtresse.

Quand on a franchi le pont qui rattache la ville à son faubourg, la voie se divise en deux : prenons à droite et suivons le chemin qui mène dans les vallées de Rabat et de Saurat. Tout d'abord, nous voyons s'élever, au pied d'une roche nue, le village et le château de Quié qui eurent beaucoup à souffrir, jadis, des guerres féodales et religieuses ; ce sont ensuite les forges du Ressec, de Lacombe, avec le château du même nom et le hameau de Banat. A l'extrémité d'une côte raide et fort pénible, c'est le village de Surba où la route se divise encore en deux branches. L'une d'elles conduit à Rabat où domina longtemps l'illustre famille issue de la maison de Foix. La vallée de Rabat est le point de départ d'une série d'excursions des plus intéressantes ; de là, on peut s'élever jusqu'aux sites grandioses et sauvages de Gourbit où l'on peut admirer la fameuse glacière d'Embanels, de belles cascades, des rhododendrons gigantesques, et plusieurs étangs dont l'un renferme d'énormes truites saumonées, dont l'autre présente le rare phénomène d'un véritable flux et reflux ; quand le ciel est pur, on peut apercevoir sous les eaux d'un troisième une forêt de sapins, engloutie sans doute à la suite d'un affaissement de la montagne.

Si l'on prend au contraire, après avoir traversé le village de Surba, l'autre branche du chemin, on monte par une route taillée dans le marbre jusqu'à la célèbre grotte de Bédeillac, l'une des plus belles que l'on connaisse.

L'entrée de la *grotte de Bédeillac* est de 45 pas de largeur. Elle s'agrandit considérablement ensuite. Sa voûte, d'une courbe régulière, s'appuie constamment sur un sol presque plan. Les puits, les boyaux, les escarpements qu'on trouve ailleurs, ne se rencontrent point ici. Cette grotte est spécialement remarquable par sa singularité, et par les figures bizarres et les proportions gigantesques de ses stalactites.

D'abord, d'une colonne creuse découlent quelques filets d'eau qui tombent dans un bassin élevé sur un sol formé par un dépôt de même nature que la colonne ; c'est le *bénitier*, dit le guide. Plus loin, d'une masse de pétrifications attachées à la voûte, se détachent plusieurs blocs sur deux lignes et de la grandeur d'un homme. Voilà la *procession des capu-*

cins. A côté, et dans le même bloc que la procession, est une ouverture qui ne pouvait être que le *confessionnal.* Non distante, est suspendue au plafond la *cape* de l'évêque. Puis se présentent, comme les gardiens de ces lieux sacrés, les blocs de l'*ange* et du *géant.* Le guide frappe dans deux grosses stalactites creuses, qui rendent, sous les coups de marteau, des sons sourds et prolongés : ce sont les *cloches.*

Voilà donc tout l'ensemble du culte. La grotte est un temple et les cloches appellent les fidèles à la cérémonie religieuse. Cependant, il manquerait quelque chose à cette pompe, si le plus bel instrument n'élevait encore, par sa puissante harmonie, les âmes croyantes vers la divinité. Mais tout est prévu par l'habile architecte. Nous avançons : des *orgues* sont là qui semblent n'attendre que la main savante qui les animera. Le bloc qui forme les orgues a 34 pieds de longueur, 9 de largeur et unit la voûte et le sol. Les tuyaux sont parfaitement détachés, alignés ; ils varient symétriquement de grandeur, et jamais ressemblance ne fut plus frappante ; seulement, ils prennent ici, dans leurs dimensions, les proportions grandioses du temple.

Voilà pour les âmes mystiques. La poésie, elle aussi, y trouve sa place à côté de la religion. Les souvenirs brillants de l'un de nos plus grands chevaliers embellissent ce vaste souterrain. Ailleurs, Roland a fendu le marbre, a succombé à Ronceveaux pour sauver l'armée franque. A Bédeillac, dans un tombeau digne de lui, reposent ses augustes ossements. L'aspect du tombeau offre à l'imagination la gigantesque stature du paladin. Isolé au milieu d'une grande salle, il présente, sous des formes irrégulières, 24 pieds de longueur sur 12 de largeur et 18 de hauteur. Ne fallait-il pas ce grand monument pour ensevelir le géant qui déracinait les chênes et arrêtait à lui seul une armée de Navarrais ?

Le peuple pyrénéen, emporté par son imagination toute méridionale, embellit ainsi les merveilles de la nature du prestige des souvenirs historiques. Dominé tour à tour par la religion et la poésie, il a peuplé ses grottes de saints et de héros.

Il faut près de deux heures de marche pour aller au fond de la grotte et en revenir, en ayant soin de ne pas s'attarder trop longtemps aux détails.

Bédeillac rivalise avec Arignac pour le commerce du plâtre. Jadis, la route qui conduisait du village aux carrières offrait d'inutiles et de périlleuses longueurs. Depuis longtemps, il y avait urgence à en construire une nouvelle, mais les faibles ressources de la bourgade ne permettaient pas cette amélioration, et l'on eu serait encore probablement au vieux chemin, si Bédeillac n'avait possédé un de ces hommes que les obstacles irritent au lieu de les effrayer, et qui ne se reposent qu'au bout de leurs desseins. Cet homme, ce héros d'un nouveau genre, conçut son projet et l'exécuta à ses frais, risques et périls. A chaque pas, il eut à lutter contre la roche vive. Pendant les travaux, souvent on l'aperçut attaché par les reins, au moyen d'une forte corde que retenait un compagnon, et suspendu sur l'abîme, tandis qu'il piquait le roc afin d'y pratiquer le trou de la poudre. Il introduisait l'amadou quand celui-ci annonçait par sa légère fumée une explosion prochaine, le travailleur se faisait retirer promptement sur la partie supérieure du rocher, qui bientôt s'ébranlait sous les pieds de l'héroïque montagnard, avec un bruit épouvantable. Cette voie de géant se déroule du haut de la montagne jusqu'à la rivière par des circuits multipliés Rien de plus pittoresque et de plus original que la vue de cette route, prise du fond de la vallée, à l'heure de l'ascencion des ânes dont le blanc fardeau de gypse contraste avec la couleur noire de ce terrain schisteux. On a sous les yeux une vivante image des cercles infernaux de Dante. Nous engageons le voyageur qui visitera Bédeillac, à ne pas le quitter, sans avoir examiné la vallée parcourue par la rivière de

Saurat et cet incroyable chemin jeté sur le flanc du rocher, comme un défi du génie humain à la nature. Ils éprouveront un plaisir beaucoup plus vif, en présence de ce tour de force et d'audace, qu'en contemplant, à la rouge lueur des falots, les stupides et fantasmagoriques créations de cristal, dans l'œuvre solitaire de la grotte.

En quittant Bédeilhac, si le voyageur poursuit sa marche vers l'Ouest, il verra bientôt s'ouvrir à ses yeux une longue et magnifique vallée. Deux rochers coniques semblent posés par la nature pour en défendre l'accès, à gauche celui de Calamès, à droite celui de Montorgueil. Au sommet de l'un et de l'autre apparaissent les restes bien conservés d'anciennes constructions. D'après une légende, encore accréditée chez les montagnards, un trésor serait caché dans ces ruines. Telle est la vivacité de cette croyance qu'on a vu plusieurs paysans se livrer, durant de longues nuits, aux investigations les plus patientes. L'insuccès de ces *chercheurs d'or* n'a point désillusionné les âmes crédules et naïves. Que de pauvres têtes s'exaltent sous le chaume, dans la fantastique vision de cette fortune mystérieuse !

A l'aspect de ces ruines imposantes, on ne peut s'empêcher de se demander quels sont les hommes énergiques qui avaient autrefois bâti sur ces cimes abruptes, et quels étaient leurs desseins en mettant la main à cette œuvre de géants. La certitude la plus complète est acquise maintenant sur la destination de ces établissements. Calamès et Montorgueil sont deux anneaux d'une chaine de télégraphie ignée qui s'étendait de Toulouse à Montlouis ; et, selon toutes les probabilités, c'est à la période romaine qu'il faut rapporter l'époque de leur construction. A quelques mètres des mines de Calamès, si on continue d'avancer sur la crête de la colline qui sépare la vallée de Saurat de celle de Rabat, on rencontre un pic d'un abord aisé, du côté septentrional, mais inaccessible du côté du midi ; il est désigné dans la langue du pays, sous le nom de *Roque des Iregges*, rocher des sauvages. Rien de plus horrible, en effet, que ce quartier de la montagne. C'est en tremblant que les pâtres escaladent ce pic et parviennent à son sommet. Du côté de Rabat, un affreux précipice se creuse perpendiculairement ; peu de gens sont doués d'assez de sang froid pour oser en mesurer toute la profondeur ; l'idée seule, quand on en a détourné les yeux, vous glace d'épouvante. Là, plus de bruits, plus de végétation ; à peine quelques buis rares et quelques misérables fougères, attestent la vie dans cette région désolée ; à peine, si, de temps à autre, les échos de cette solitude sur laquelle plane l'anathème, sont réveillés par le cri strident de l'aigle noir. Les amateurs de ce que l'on a longtemps appelé de *belles horreurs*, dans le style antithétique d'une époque déjà éloignée, trouveront en ces lieux des éléments dont ils seront, à vrai dire, très satisfaits. Une fois la pente franchie, dès que l'on dominine le pic menaçant, on s'étonne de trouver aussi des ruines dans ce désert. D'après les fondements encore marqués par des pierres taillées avec soin, il y avait cinq parties dans cette étrange habitation. D'abord une tour ronde, puis un appartement rectangulaire ; auprès, une seconde tour, ronde comme la première et jetée à l'extrémité du roc, à deux pas de l'abîme ; venait ensuite une autre pièce oblongue ; enfin, on voyait au bout opposé une troisième tour semblable aux deux autres. Nous ne savons rien sur ce château ; le nom même est un sujet de discussion.

Il convient maintenant de chercher des contrastes et de descendre au fond de la vallée où se déroule la jolie ville de *Saurat*, avec sa rue de plus d'un kilomètre de longueur, bien percée, et continuellement arrosée par deux petits cours d'eau vive et limpide qui entretiennent dans cet agréable séjour la salubrité et la fraîcheur, avec ses places ombragées de tilleuls et de platanes, avec sa population si laborieuse et si hospitalière. De Saurat, une route, à pente très douce, une route exquise, bordée, de chaque côté de peupliers et de saules, nous conduit, par de moelleux zigzags, vers le sommet de ces monts isolés, où se trouve le fameux passage qui sépare le comté de Foix d'avec le Couserans. Un premier cirque se découvre dès le premier tiers de l'ascension. Une teinte de turquoise verdâtre colorait toute chose, alors que je gravissais moi-même ces longues rampes, avec une caravane de gais et nobles amis. Quand nous eûmes atteint la moitié de l'élévation des montagnes dont nous étions entourés, un deuxième cirque se laissa voir à la hauteur des forêts et des sapins : mais quel rôle prodigieux joue le soleil, en s'enfonçant dans les profondeurs que l'on commence à dominer ! Enfin, lorsqu'on est parvenu au plus haut sommet de la route, au point qui est l'aspiration dernière de l'excursion, au *Col de Port*, on jouit d'un incomparable panorama : un troisième cirque enveloppe les deux premiers dans ses cercles concentriques. Le spectateur découvre l'ensemble de la chaîne des Pyrénées, dessinant une ligne courbe, colorée par la neige. Qui dira cet effet de soleil sur ces neiges aériennes ! Parvenu à ce brillant sommet, l'on est plus que jamais ravi de la beauté des sites ariégeois.

C'est bien à un col, à une frontière qu'on est arrivé, la ligne de partage se fait entre les eaux du Salat et celles de l'Ariège ; l'air y est d'une vivacité particulière ; on se trouve sur un plateau couvert de fougères, à 1,250 mètres d'altitude. On y ressent une impression de grande solitude... Mais si l'on regarde à ses pieds le charme rompu par le vaste silence renaît à la vue de prairies fraîches comme celles d'Islande, et toutes chamarrées de frênes, d'aulnes, de peupliers, de marronniers, d'arbres fruitiers surtout. La luxuriante opulence et la fraicheur de ces prairies, s'expliquent par les nombreuses sources qui s'échappent en tous sens du haut des monts, et glissent claires et sonores parmi les cailloux.

En redescendant au fond de la vallée, on observe à sa droite, un immense bloc qui se détache de la roche, son piédestal, et sur laquelle il ne porte que par une de ses arêtes inférieures. Il présente la forme d'une colossale tête humaine et dont les aspects, selon la différence des positions, se modifient avec une facilité merveilleuse ; on dirait tour à tour un tribun, dans son attitude puissante et recueillie, attendant, pour faire retentir les mâles accents de son éloquence, que les flots populaires, soulevés par sa parole, se soient calmés, ou bien encore un maréchal de l'Empire, drapé dans son large manteau de bivouac, sur les neiges de Russie. Très certainement, le voyageur aimera à contempler le singulier accident de ce protée monumental, et à le poursuivre dans l'incessante mobilité de ses fugitives manifestations.

***

Autour du vieux Tarascon, des vestiges de murailles se montrent et accroissent le caractère pittoresque de cette ville simple, mais riante et propre grâce à l'abondance des eaux et à la verdure dont elle est enveloppée. Des portes percent encore les remparts. Les monuments sont peu intéressants, sinon, au sud, l'église *Notre-Dame-de-Sabart*, qui donna son nom à la petite région formée de la vallée de Vicdessos et de la vallée de l'Ariège jusque vers Les Cabannes, le *Sabarthès*, terme qui s'est même étendu au nord de Foix et jusqu'aux confins de la Cerdagne française et de l'Andorre, vers le col de Puymorens.

Il existe sur la chapelle de Sabart, comme sur le plus grand nombre de ces monuments religieux, une légende qui, depuis bien des siècles, se raconte dans le pays. Un matin, vers je ne sais quelle lointaine époque, un laboureur conduisit ses bœufs vers le champ où s'élève aujourd'hui l'église de Sabart. L'alouette chantait son refrain de l'aurore ; les merles et les bouvreuils sifflaient sous la feuille encore humide de rosée ; le soleil s'élevait à peine à l'horizon. Au milieu de la plaine où devaient être tracés les sillons, le paysan aperçoit un objet resplendissant ; il approche ; c'était une statuette de la Vierge. Avec un respect mêlé de frayeur, il s'empresse de l'apporter au curé de Sainte-Quitterie qui déposa la statue dans l'église de sa paroisse. Le lendemain, le laboureur étant retourné au champ, vit encore la statuette à sa place de la veille. Aussitôt de courir chez le prêtre et de lui annoncer l'évènement. Le curé, certain d'avoir enfermé la statue, ne put s'expliquer ce fait que par une intervention surnaturelle. Un temple rustique fut bâti dans le champ sanctifié, et la statue, placée dans son enceinte y devint l'objet d'un culte tout spécial. Quand Charlemagne traversa les Pyrénées pour aller guerroyer en Espagne, il jugea la chapelle alors existante peu digne de Notre-Dame-de-Sabart, et y fit construire une abbaye-forteresse qui devint le chef-lieu de cette province ou *viguerie* des comtes de Foix, mais qui n'a pas laissé de traces. L'église romane actuelle ne remonte pas au delà du XIIIe siècle par ses parties les plus anciennes ; elle perpétua jusqu'à la Révolution l'ancien *pagus* par l'espèce de suprématie qu'exerçait sur les autres paroisses, l'archiprêtre de Sabart. Aujourd'hui cette grandeur n'est plus, Sabart est un domaine départemental dont l'Ariège est fort embarrassée ; faut-il en faire un hospice de vieillards ou un asile pour les pupilles de l'assistance publique de la Seine ?

L'église attirait jadis une foule de fidèles, notamment pendant les foires aux fers des 8 mai et 30 septembre qui centralisaient à Tarascon les produits des forges à la catalane, si nombreuses jadis. Ces foires ont survécu pour d'autres produits ; elles durent chacune trois jours, mais n'ont plus une importance comparable à celle d'autrefois.

***

La vallée du Vicdessos. La vallée du Vicdessos est pour Tarascon la principale source d'activité ; les villages ont la petite ville comme centre commercial et les mines de fer ont fait naître les hauts-fourneaux qu'elles alimentent. Les richesses minérales inexploitées sont nombreuses et seront sans doute mises en valeur, accroissant ainsi la prospérité de la menue cité ariégeoise.

Le Vicdessos atteint l'Ariège à Tarascon, dont une des rues se prolonge par la route remontant la vallée, au long du torrent bondissant entre les rocs. Jadis ce cours d'eau donnait la vie à de nombreuses forges dont la plupart ont été abandonnées ; à Niaux seulement une usine a survécu, la dernière de l'Ariège où l'on fabrique encore des faux, des outils, des charrues, etc.

La route est très fréquentée ; sans cesse passent les charrettes apportant le minerai du Rancié aux établissements de Tarascon, aucun chemin de fer n'ayant été construit pour amener les produits de cette mine fameuse où nous nous rendons à présent.

La vallée, très étroite, s'élargit un peu au débouché d'un vallon gardé par le village de Capoulet. Un rocher commande le passage couronné par les ruines superbes du château de *Miglos* ; les tours crénelées, les murailles chaudement colorées par le soleil, le lierre vigoureux qui enveloppe à demi l'antique forteresse, constituent un des beaux sites de l'ancien pays de Foix. Le donjon n'a point de voûtes ni d'escalier. Comme tous ses pareils dans les Pyrénées, il ne pouvait servir de logement mais seulement de dépôt d'armes, de tour de guette et de défense suprême. Une tour crénelée, à l'angle Sud-Ouest, contient, au rez-de-chaussée, une salle voûtée. Les meurtrières obliques de la muraille orientale sont percées de façon à permettre de lancer les traits sur les directions diverses du sentier qui conduit au château. Le mur plus mince d'une cheminée, au Nord, est renforcé par un contrefort. Le côté Sud, le seul qui fut accessible, était défendu par une barbacane. Un cadre de belles montagnes hautes et vertes, semées de damiers de moissons blondes, entoure les ruines majestueuses. Dans le vallon, au-dessous du rocher, se blottit le hameau de Miglos, chef-lieu d'une commune.

En face de Capoulet, sur la rive gauche du Vicdessos, le village de Lapège, récemment détruit par un incendie, occupe une terrasse d'où la vue est superbe sur la vallée et les grands monts qui s'exhaussent jusqu'aux limites de l'Andorre. Les premières pentes sont raides et revêtues de bois ; au-dessus, une zone moins abrupte est divisée en gradins de maïs et de pommes de terre. Au bas court le torrent, abondant et clair, sans cesse accru par d'autres ruisseaux non moins transparents. Et puis voici le village d'Orus, riant, précédé d'une jolie tour d'église, toute blanche, aux angles peints en rouge ; une vaste maison aux contrevents bleus complète le décor. Malgré l'extrême déclivité de la montagne, les pentes sont remarquablement cultivées.

En face d'Orus, le village de Sem occupe le creux d'un vallon ; il est invisible des bords du torrent ; on ne le devine que par le câble porteur aboutissant à la route pour mener le minerai de Rancié exploité aux abords même du village. Mais on voit se dresser le pic dans les flancs duquel les mines sont ouvertes, pic de Rancié pour les habitants du pays, pic de Cauchette et de Lercoul, d'après un village voisin, pour la carte d'état-major.

On peut monter à Sem par un sentier au-dessous du câble, mais il est raide et visqueux, aussi nous dissuade-t on de suivre ce chemin et nous conseille-t-on le passage par *Vicdessos*. En quelques minutes nous avons atteint ce bourg minuscule qui fut la capitale de la vallée avant de devenir le chef-lieu de ce rude canton de hautes montagnes à pâturages parsemées de lacs glacés. Le village s'étend au long du torrent, entre les prairies ; sauf le clocher roman de son église, il n'offre guère d'intérêt. Sa population, malgré le voisinage des mines, est surtout composée de cultivateurs et d'éleveurs de bétail. L'activité y est moins grande que dans la commune d'Auzat, située en amont, à l'endroit où le torrent de Vicdessos débouche du long et froid couloir dont la tête est à la frontière espagnole. Auzat possède quelques filatures et quelques scieries ; il est considéré comme terminus du chemin de fer dans tous les projets présentés.

Les deux bourgs sont le centre de ravitaillement pour les villages, les hameaux et les innombrables jasses de la montagne où des mulets conduisent l'été les vivres nécessaires aux pâtres. C'est aussi par ce procédé primitif que Sem et ses ruines sont approvisionnés ; nous sommes montés au Rancié en suivant des mulets qui portaient sur leur bât des outres pleines de vin ; ce détail seul révèlerait que l'on touche à l'Espagne. Il n'y a pas de route carrossable pour aller aux mines. Le chemin muletier, taillé en plein roc s'élève par de grands lacets que coupe un sentier tracé entre de jolies prairies encadrées de frênes. Puis, le chemin toujours raide, monte sans inflexion jusqu'à *Sem*.

Triste séjour, ce Sem ; le village occupe le fond d'un cirque étroit, autour d'une humble église dont le clocher est une tour carrée, haute et frêle, surmontée d'une flèche d'ardoises. La place est avarement mesurée : les maisons se tassent pour l'occuper. L'ensemble est un amphithéâtre dont la partie supérieure est à la hauteur de l'étage moyen de la mine. Les wagonnets employés dans les galeries arrivent jusque-là.

Un ruisseau abondant, descendu du pic de Garbie, traverse Sem et va plonger vers le Vicdessos par une cascade que l'on se propose d'utiliser pour faire mouvoir des perforatrices qui iraient attaquer le filon métallique au bas de la route. Car le Rancié, après des siècles d'exploitation fructueuse, mais désordonnée, en est réduit à chercher des couches nouvelles et à appliquer enfin les méthodes scientifiques qui trouvèrent si longtemps une hostilité insurmontable. Peut-être est il trop tard aujourd'hui : les mineurs portent le poids de la routine et de l'imprévoyance de leurs pères.

Il y a là une organisation sept fois séculaire, une mine aux mineurs bien antérieure par conséquent aux conceptions de notre temps et qui n'a pu s'adapter assez à nos mœurs, mélange curieux et pittoresque de traditions féodales et de règlementation moderne bien fait pour intéresser le visiteur et le savant, mais susceptible de soulever l'indignation des ingénieurs et des économistes qui voient gaspiller une telle fortune.

...Si, en approchant de l'ouverture des mines, alors exploitées, nous n'avions pu nous défendre d'un sentiment de tristesse qu'augmentaient encore l'accoutrement, la figure noire et livide, les yeux hagards, l'air sombre des mineurs rassemblés pour attendre l'heure d'y pénétrer, à quel degré ne fut pas portée cette impression pénible, lorsque nous les vîmes, au signal donné, s'enfoncer par la *couxière* (galerie), dans les vastes excavations dites *bouïs*, et de là descendre ou s'élever dans ces espaces ténébreux où ils allaient se livrer à leurs travaux souterrains! Nous les suivons, et malgré l'horreur qui nous environne, nous parcourons lentement la route sinueuse et glissante où les ouvriers exercés nous précèdent d'un pas leste et assuré ; nous voulons examiner ces sombres voûtes, ces pendentifs effrayants et ces longs corridors, bas, étroits et tortueux, qui ne sont qu'une suite d'acheminement aux cavités profondes où se fait l'extraction du minerai. Nos observations ne sont pas propres à nous rassurer sur les dangers qui menacent les mineurs ; on tremble en voyant combien peu solides sont ces piliers de roche ou de mine qu'on y a laissés sans appui ou soutien! Comment s'étonner de ces dépressions, de ces affaissements que l'on voit à la surface de la montagne et qui sont produits par des éboulements intérieurs dont les traces s'offrent à nous de toutes parts, et qui ont si souvent enseveli tant de malheureux, surpris au milieu de leurs travaux.

Nous avançons et le bruit sourd et confus qui se prolonge en retentissant au loin dans ces noirs labyrinthes, nous fait juger que nous approchons de l'endroit où les ouvriers sont déjà en activité. A la lueur vacillante des lampes suspendues aux saillies des rochers, nous apercevons ces hommes dans les positions les plus gênantes, s'agiter, s'épuiser en multiples efforts, et, à coups redoublés, arracher des fragments de minerai souvent insuffisant pour les récompenser de tant de fatigues. Leurs attitudes forcées, leurs soupirs étouffés, leurs accès de colère réveillent l'idée de l'enfer de Dante. Les uns, constamment debout, poursuivent une couche qui se prolonge horizontalement : ils frappent la roche qui sert de gangue au minerai, et ils ne couvrent le sol que de débris stériles; d'autres percent le rocher et semblent le disposer a recevoir la poudre qui, en faisant sauter les parois de l'excavation latérale qu'ils ont formée, les dédommagera à peine de tant de sueurs. Ceux-ci, pressés par une roche saillante, sont obligés de se tenir agenouillés, assis ou couchés, et n'obtiennent par leurs coups mal assurés, que de bien faibles résultats. Ceux-là, à l'aide d'un petit échaffaudage, s'élèvent vers le haut du filon qui a été mal à propos attaqué par la base. Pendant quelque temps la mine a cédé à leurs coups avec facilité, mais la voûte est devenue trop élevée, ils ne peuvent plus y atteindre ; ils sont forcés de renoncer à un travail qui leur promettait d'heureux succès. Quelle démence entraine cet imprudent mineur ? Qu'espère-t-il en détruisant les parois et les piliers de cette galerie qui conduit à une excavation dont la mine est épuisée? Il voudrait enlever le peu qui reste et que convoite sa cupidité ; arrêtez ce malheureux ; quelques instants de plus et il creuse son tombeau !

Le malaise extrême que nous ne pûmes vaincre à la vue de scènes aussi tristes et toujours les mêmes, pendant les deux heures que nous passâmes dans ce souterrain, nous fit désirer de revenir sur nos pas, et nous refusâmes l'offre que nous fit le *jurat* de nous conduire dans les cavités inférieures. Pourquoi descendre dans ces abîmes, dans ces sortes de puits par lesquels on arrive aux nombreuses cavernes qui se succèdent à plus de 300 toises de profondeur verticale, et qui ne pouvaient nous présenter aucun nouveau sujet d'observation ou d'intérêt sur le mode d'exploitation et sur les diverses particularités que nous nous étions proposé de connaître ? L'idée que nous désirions nous former de l'intérieur d'une mine ancienne était aussi complète que nous pouvions le souhaiter ; et à l'égard du genre de travaux, de peines et de dangers que vont affronter les hommes courageux qui y passent leur vie, c'était assez du tableau touchant et terrible que nous avions eu jusqu'alors sous les yeux.

Nous sortîmes enfin de ce noir séjour, en suivant les *gourbaliers*, qui, courbés sous le double poids de leurs hottes et de leurs corbeilles remplies de minerai, se dirigeaient vers l'orifice de la galerie ; ces porteurs, dès qu'ils avaient déchargé et pesé leur volte, reprenaient silencieusement le même chemin pour recommencer le même voyage et continuer ainsi pendant toute la journée toute entière. Près des cabanes, situées à l'entrée de la *Caugne*, l'affluence des muletiers, des porteurs de hottes, des conducteurs de charrois qui s'y trouvaient rassemblés pour acheter et emporter le minerai, formaient un espèce de bazar plein de mouvement et d'un effet tout particulier. Quelque intéressante que fût cette scène, nous ne lui donnâmes que peu d'attention, et dès que nous eûmes vu les premiers travaux d'ouverture d'une nouvelle galerie, nous prîmes de nouveau le sentier de la montagne.

*
* *

La folle des Pyrénées. — Enfin, si jamais avant de redescendre sur Tarascon, vous tenez à remonter le torrent de *Suc* pour visiter dans sa profonde vallée, le village du même nom, les paysans de la montagne ne manqueront pas de vous raconter la curieuse histoire d'une femme qui fut rencontrée, à l'état sauvage, dans les rochers, au bord des précipices.

A quelques lieues du hameau, au pied du *Montcalm*, une vallée sombre et silencieuse présente un de ces sites imposants qui arrêtent et frappent l'observateur, sur le vaste amphithéâtre des Pyrénées. Elle est hérissée de montagnes nues et horriblement déchirées, dont les bases sont couvertes d'énormes décombres qui semblent en attendre de nouveaux prêts à s'échapper des sommités.

En 1809, d'intrépides chasseurs ayant

poussé une reconnaissance jusque dans cette enceinte formidable furent saisis d'étonnement, en voyant apparaître, sur le versant opposé, une femme complètement nue. Elle était d'une taille élevée ; sa peau était noire : une longue chevelure, son unique vêtement, flottait sur ses épaules ; elle se tenait debout sur un roc qui s'avance et paraît suspendu sur des précipices dont elle semblait fixer l'immense profondeur. Les chasseurs courent vers elle ; elle prend la fuite ; et folle de frayeur, disparaît parmi les rochers et les goufres. Ce n'est que le lendemain qu'un grand nombre de bergers, réunis par la nouvelle de cette étrange apparition, surprirent cette femme et s'en emparèrent après une chasse épique à travers les bois et les précipices. On s'empressa de lui présenter des habits ; elle les repoussa et les déchira avec violence. Il fallut lui attacher les mains pour parvenir à la vêtir. Alors la fureur la saisit, et elle lança à ceux qui l'environnaient des menaces proférées d'une voix forte et du ton surnaturel de l'enthousiasme et de l'inspiration. Arrivée à Suc, elle était encore en proie au délire, puis elle se calma tout-à-coup et devint morne et silencieuse. Une seule pensée sembla absorber alors tout son être ; des larmes involontaires trahirent toutes ses angoisses. Elle fixa ses regards sur ses vêtements ; ses jambes chancelèrent et elle tomba à genoux, s'écriant : Dieu ! que dira mon malheureux époux ?

Elle n'avait parlé qu'en français. Son accent était pur et sa figure, quoique flétrie, portait encore l'empreinte de la noblesse et de la dignité.

Pendant la nuit, on l'enferma dans une chambre, mais elle trompa la vigilance de ses gardiens, et on ne la revit que quelques jours après sur la cime d'un pic qui, jusqu'alors, n'avait été réputé accessible qu'aux aigles et aux isards. Cependant l'hiver approchait ; la neige qui occupe éternellemet les hauts sommets, descendait progressivement et repoussait dans les hameaux bergers et troupeaux. Au milieu de la tourmente hivernale qu'allait devenir cette infortunée ? On la croyait perdue, lorsqu'au retour de la belle saison, on la revit, toujours nue, parcourir les hauteurs accoutumées.

M. Vergnies, juge de paix de Vicdessos, parvint à la faire ressaisir; il la fit vêtir et tâcha de gagner sa confiance ; mais elle opposait toujours un silence obstiné aux questions qui lui étaient adressées. Enfin cependant, ce magistrat lui ayant demandé comment les ours ne l'avaient pas dévorée : « Les ours ! lui répondit-elle, ils étaient mes amis, ils me réchauffaient. »

L'ours des Pyrénées est d'un naturel doux :

il n'est terrible que pour ceux qui osent le provoquer. Il se retire dans une antre sauvage, aux approches de l'hiver, et y passe plusieurs mois, plongé dans une espèce de sommeil léthargique. Ne serait-il pas possible que cette femme, poussée par le froid dans cet épouvantable séjour, s'y fut réchauffée pendant la rude saison, en partageant la couche des ours, qu'elle n'abandonnait sans doute que pour aller prendre du poisson dans le torrent ou cueillir des pommes de pin dans la forêt voisine ?

Elle fut conduite à Foix et recueillie à l'hospice ; mais les accès de fureur auxquels elle était constamment en proie, la firent transférer aux Tours, où elle périt misérablement.

En lisant cette histoire, on se sera demandé très certainement quelle pouvait être l'origine de la *Folle des Pyrénées ;* quelques paroles qui lui échappèrent en des instants de lucidité, firent présumer qu'elle était la femme d'un français que les événements de la Révolution rejetèrent en Espagne. Elle le suivit en son exil. Des brigands les attaquèrent dans les défilés pyrénéens ; le mari tomba sous le poignard des assassins, et sa malheureuse femme ne put supporter l'horreur de cette scène. Elle perdit la raison, s'enfuit et resta errante sur la crête sauvage des Pyrénées.

***

En Haute-Ariège. — L'épanouissement de vallée produit par la jonction du Vicdessos et de l'Ariège est de faible étendue ; sous la colline de Sabart, la vallée devient un couloir étroit entre des monts assez rébarbatifs dont les flancs sont revêtus de laids éboulis, mais les bords mêmes de la rivière sont verts et frais. A l'entrée d'un vallon dont les pentes sont revêtues de maigres taillis, le pauvre village d'Ussat a donné son nom à des établissements de bains qui utilisent d'abondantes fontaines thermales, à proximité de la commune d'Ornolac. Trois établissements constituent la station balnéaire ; le plus vaste, sur la rive droite, ne manque pas d'une harmonieuse grandeur ; sa façade est simple cependant et n'est relevée que par un péristyle d'ordre dorique. Des hôtels et un casino sont disséminés dans le parc ; sur l'autre rive, deux établissements plus petits sont resserrés entre la rivière et les hautes parois rocheuses surgissant des éboulis. Partout où la végétation a été respectée, elle s'accroche très haut, jusqu'aux à-pic d'où s'élancent des roches aiguës et déchiquetées.

Le site est sévère ; un énorme rocher percé de grottes domine l'ensemble de constructions et de parcs. La plus connue de ces cavernes est bien celle de *Lombrice* qui s'ouvre dans le roc au-dessus de l'établissement de Sainte-Germaine. Rien de plus saisissant que l'aspect de cette entrée, dont les voûtes, sous mille formes bizarres, se perdent dans les sombres profondeurs du souterrain. Mais bientôt l'obscurité fait place à la lumière des torches et des bougies, et l'immense couloir se développe, en tous sens et à différents niveaux, sur une longueur totale de quatre kilomètres. Des chambres étroites succèdent à de vastes salles dont les contours affectent les sinuosités les plus fantastiques. Tantôt des dômes, tantôt des voûtes ou des arcades laissent pendre des faisceaux de stalactites ou reposent sur des piliers tortueux. Çà et là apparaissent des flaques d'eau limpide ; plus loin, c'est un véritable lac dont le fond est tout hérissé de stries rocheuses. Vers le milieu de l'une des plus larges galeries de ce labyrinthe inextricable se présente une série de cinq ressauts d'une élévation totale de 30 mètres. C'était jusqu'à ces derniers temps, l'effroi des visiteurs. On l'escaladait au moyen d'échelles de bois, parfois vacillantes. Mais grâce à la bienveillance de l'administration départementale, les échelles légendaires sont aujourd'hui remplacées par des escaliers munis de rampes de fer.

Des ossements, mêlés aux débris de l'industrie de toutes les époques, depuis celle de l'ours des cavernes, ont été recueillis en différentes parties de la grotte ; d'autres s'y trouvent encore en abondance. Les moins anciens appartiennent à cinq ou six cents Albigeois, qui, réfugiés dans la grotte de Lombrive dont ils avaient fait leur cathédrale souterraine, et où ils avaient renfermé leur trésor après la chute de Montségur, y furent emmurés avec leur évêque, en l'an 1228, et s'y laissèrent mourir de faim plutôt que de se remettre aux mains des inquisiteurs.

En amont d'Ussat, la gorge reste grandiose par ses falaises calcaires chaudement colorées, riante par ses arbres et ses prairies où l'Ariège met le sillon de ses eaux claires, rapides et profondes. Lorsque la vallée s'élargit un peu, c'est au détriment de la beauté rustique ; l'Ariège, au lieu d'être contenue dans un lit étroit où elle bondit et murmure, éparpille alors ses eaux dans les plans encombrés de galets.

Certains escarpements rappellent les grandioses rochers des Alpes. Parfois ils sont énormes et présentent de prodigieux ressauts percés de grottes. La rive droite surtout a de gigantesques murailles ; en face c'est moins farouche, les arbres sont plus nombreux.

La vallée s'élargit une fois encore et devient fraîche. Tandis que la rive droite continue à présenter des parois immenses et creusées de cavernes *(las gleyzos)*, la rive gauche se frange par le débouché de petits vallons gardés par des villages : Bouan, Sinsat, Aulos, Verdun. L'ouverture de la vallée plus considérable d'*Aston* donne au confluent l'aspect d'un bassin. Des monts revêtus de taillis, des pans exigus de cultures, des lignes de verdure plus vigoureuse partout où parvient l'eau d'irrigation, tel est l'aspect général.

La vallée d'Aston est fort belle, grâce à ses monts tapissés de bois jusqu'à la cime, à ses pentes ensoleillées couvertes de moissons. Villages et hameaux en accroissent le charme agreste. Plus au sud, ce beau pli se ramifie en des gorges rocheuses, âpres, étroites, profondes, creusées jusqu'au pied de la haute chaîne dressée entre France et Andorre. Au-delà de Château-Verdun et d'Aston, on rencontre encore quelques pauvres métairies, mais bientôt il n'y a plus que des jasses, abris du bétail et des cabannes ou plutôt tanières de bergers.

A l'issue de la vallée d'Aston, un aimable petit bourg éparpille ses maisons au long de l'Ariège et forme sur la route une rue fort gaie ; les toits d'ardoise, vastes et plats, se détachent dans la verdure. Ce village régulier, *Les Cabannes*, est le chef-lieu du canton dont la plupart des communes se groupent à proximité. Nulle part dans l'Ariège, les centres ne sont plus rapprochés. Tous sont à la base ou sur les premières pentes des monts ; ceux-ci surgissent très hauts et solitaires, parcourus seulement durant l'été par les nombreux troupeaux des vallées. Le bétail est la seule source de bien-être pour le pays, mais jusqu'ici l'existence des animaux et des bergers rappelle fort celle que l'on menait au Moyen-Age. Les abris de la haute montagne sont les plus misérables gîtes que l'on puisse rêver.

Les environs des Cabannes sont des plus pittoresques et ils méritent de fixer l'attention de ceux qui aiment l'aspect de ces montagnes aux formes hardies, mais souvent couvertes de verdure et entrecoupées de vallons frais et ombragés, où pendant les chaleurs de l'été, on respire une brise inconnue aux plaines alors desséchées du midi. Remarquez près du pont jeté sur l'Aston, le célèbre château de Gudanes, bâti dans une situation très pittoresque, sur une plate-forme entourée de jardins et de bosquets couronnés de sapins, de frênes et de mélèzes. Du haut des terrasses de ce château, on aperçoit sur un pic escarpé, les ruines du château de Lendre, et, dans le lointain, celles de Lordat. L'ancien seigneur de Gudanes était appelé le *roi des Pyrénées*. Des ruines de Lordat, on découvre en entier le massif de Tabe ; le point culminant, le pic Saint-Barthélemy, s'élance superbe, au-dessus de contreforts dénudés et ravinés. Le pic atteint 2349 mètres d'altitude, c'est donc une montagne secondaire, mais d'allure grandiose pourtant.

La famille des seigneurs de Lordat avait déjà acquis une telle importance, vers la fin du XIIe siècle, qu'il s'était établi des alliances entre elle et la maison d'Aragon. A partir de cette époque, les chroniqueurs ne désignent plus ce pays que sous le nom de *Lordadais*. Le comte de Foix lui-même, Raymond-Roger, en mariant son fils Roger-Bernard avec Ermecinde, fille d'Arnaud, vicomte de Castelbon ou de Cerdagne, assigne dans le contrat de mariage, passé à Tarascon le 10 janvier 1202, pour douaire à sa belle-fille, le Lordadais avec tout le pays jusqu'aux confins de ses Etats vers les Pyrénées. La puissance des seigneurs de Lordat était déjà si bien assise qu'elle dominait celle des vallées environnantes. Pendant les premières guerres des Albigeois, elle fut plusieurs fois invoquée dans les moments critiques. C'est ainsi qu'en 1220, Roger de Rabat emprunte à Raymond de Lordat une somme de 200 sols *toulsas* (toulousains) et lui assigne en garantie une rente sur Saurat ; deux ans après, Raymond de Ravenac vend à Guillaume de Lordat et à ses enfants tout ce qu'il possédait au lieu de Prades ; enfin, Roger-Bernard, comte de Foix, en faisant sa soumission entre les mains du vice-légat du Pape, donne pour gages de sa parole et livre à son corps défendant les châteaux de Lordat et de Montgrenier.

Arnaud Squerrer, en faisant la description du comté de Foix, en 1456, fait mention de la châtellenie de Lordat, qui, sous le règne de Gaston-Phœbus, était, disait-il, la plus importante du pays. Son importance était encore telle, à la fin des guerres religieuses du XVIe siècle, qui ensanglantèrent toute cette région, que dans son rapport adressé au roi Henri IV, le sieur d'Audou, gouverneur du pays de Foix, avoue que « le château de Lourdat est si grand qu'il ne peut se ruiner ».

Ce castel eut longtemps le privilège d'être le lieu où s'assemblaient les habitants pour délibérer sur leurs intérêts communs. Mais, depuis sa destruction, le lieu des réunions publiques fut le château d'Urs, sis au pied de la montagne, sur laquelle le vieux manoir de Lordat était bâti. Au nombre des droits dont jouissait principalement ce pays, nous trouvons, dans les vieilles chartes, celui d'envoyer chaque année, un député aux Etats de la province de Foix, sous le titre de la vallee de Lordat, et d'entrer dans l'assemblée avec « une cape grise, un bonnet sur la tête et une dague au côté ».

*
* *

Ax. — Au sud de l'actif petit village de Luzenac, la vallée se rétrécit encore pour s'élargir au confluent de l'Ariège et de plusieurs torrents abondants : Oriège, Ascou et Fouis. Le point de rencontre, assez ample, a permis l'assiette d'une cité, la ville par excellence : *bila* pour les populations de l'Andorre, de la Haute-Ariège et de la vallée du Carol. C'est *Ax*, dont le nom vient de Aquae donné par les Romains à tant de lieux où sourdent les eaux thermales. Les montagnes dont la petite cité se trouve environnée, sont cultivées en partie; elles offrent une grande variété de bois, de prés et de terres labourables, entremêlés de rochers agrestes, de cascades pittoresques, formant un tableau véritablement enchanteur.

Ax est une ville balnéaire; elle doit son

élégance et sa prospérité à ses fontaines chaudes qui attirent de nombreux baigneurs. De beaux établissements, un casino, de nombreux hôtels, encadrent le Couloubret, vaste place plantée de beaux platanes et d'ormes. La ville, qui se prolonge vers la gare par une avenue, a un noyau de vieilles rues entre l'Oriège et le ruisseau d'Ascou. Les magasins y sont assez nombreux, Ax étant le rendez-vous commercial pour les hautes vallées et l'Andorre.

Les eaux d'Ax étaient connues dans les temps les plus reculés ; l'histoire du comté de Foix, rédigée en 1609, en fait mention ; un large bassin, qu'on appelait le bassin des ladres ou des lépreux, existe encore tout près de l'hôpital, et fut construit en l'an 1200 ; une étuve adossée aux murs de cet édifice en atteste la haute antiquité. Mais c'est surtout depuis le commencement du XVIIIe siècle que les sources d'Ax sont fréquentées avec assiduité. Leur abondance est telle que l'on marche en quelque sorte sur un lac souterrain, car on ne peut guère creuser le sol à vingt pieds de profondeur sans rencontrer les eaux chaudes.

Un climat tempéré, un air infiniment salubre, des eaux de rivière, fraîches, limpides et légères ; un excellent gibier, des aliments très sains, les vins du Roussillon et d'Espagne ;

des sites pittoresques et variés qui sont un puissant attrait pour la curiosité ; une belle route semée de nombreux villages, de faciles moyens de transports, voilà le résumé des avantages et des ressources qu'offre cette contrée des eaux chaudes, dont les sources claires et limpides, après avoir été les sources de la santé deviendraient certainement entre des mains habiles celles de la richesse...

Jadis Ax fut un centre métallurgique important ; les vallées voisines possédaient toutes des forges à la catalane qui animaient ces parages aujourd'hui déserts. Les usines sont abandonnées ; celle d'Ascou figure encore sur les cartes ; celle d'Orlu, dans la vallée d'Oriège, est plus anciennement éteinte, car la carte l'appelle *ancienne* forge. C'est une propriété élégante et fleurie, au pied d'une cascade que ne manquent pas de venir visiter les nombreux baigneurs de la ville aux mille sources.

La ville d'Ax est une des plus anciennes du pays. Dans le passé du comté de Foix, elle a joué un rôle qui n'est pas dénué d'importance. Nous la voyons lutter avec énergie contre l'envahissement des droits féodaux. A ce titre de cité consulaire, Ax jouissait de franchises considérables ; en 1241, Loup de Foix voulut y porter atteinte et étendre ses priviléges sur cette vallée, mais en vertu d'une charte dont la concession leur avait été faite par Roger, les habitants arrêtèrent les prétentions de ce seigneur. En 1590, au temps des guerres de religion, la cité axoise servit de refuge aux membres dispersés du chapitre de Foix qui, par ordre de M. Duperron, évêque de Pamiers, y célébraient les offices de l'église. Sous le règne de Henri IV, le sieur d'Audou gouverna le comté, pacifia le pays, encouragea le commerce, veilla à la défense des frontières, en un mot, procura le bien-être au pays par son administration aussi intelligente qu'énergique.

Les rois d'Espagne ne dissimulaient pas leurs intentions malveillantes contre la vallée d'Ax. Indépendamment des craintes manifestées par Audou, dans ses rapports au roi, on trouve la preuve de leurs intentions dans plusieurs chartes du pays. On y voit que le danger venait des châteaux que le roi d'Espagne avait aux frontières « où tenaient garnison de méchans gens, bandoliers de sac et de corde, qui ne craignaient rien de faire, et leur est permis de tenir bandols ordinaires au dit pays de frontières, qui donnent beaucoup de vexations et font plusieurs pilleries aux dits habitants. »

Ce qui n'empêchait pas ces habitants de vivre quelquefois en bonne intelligence avec leurs voisins des vallées espagnoles. Ils se fêtaient, s'envoyaient tous les ans des adresses amicales, s'accordaient réciproquement le droit de passerie ; et quand les deux royaumes étaient en guerre ouverte à cause des querelles de leurs rois, ils s'avertissaient des dangers d'invasion que les uns ou les autres pouvaient courir. Le commerce, entre eux, était autorisé, même en temps de guerre.

« La dite vallée d'Ax, écrit le sieur Audou, « ne se peut passer du trafic d'Espagne, qui « fait que les habitants désirent extrêmement « y pouvoir aller avec libre accès, dont ils « ont fait requeste, afin d'y porter et d'en « rapporter tout ce qui se pourra pour leurs « commodités. »

Grâce à la tendance des peuples de l'Europe à faire disparaître les barrières qui les séparent, dans le but de multiplier, en les rendant plus faciles, les relations internationales ; grâce à l'initiative du gouvernement, dont l'infatigable sollicitude veille énergiquement à l'amélioration du sort des populations dont la tutelle lui incombe, le commerce de l'Ariège avec les provinces septentrionales de la Péninsule est à la veille de redevenir ce qu'il était dans les temps anciens. Nous reverrons encore dans nos foires d'Ax, de Vicdessos, de Tarascon et de Foix, la veste de velours et la ceinture rouge des Catalans ; les voies ferrées construites par le génie français, malgré les difficultés sans nombre, à travers les Pyrénées, leur donneront un accès rapide au sein de nos cantons. Le spectacle de ces nouveaux et bienveillants rapports affaiblira, s'il ne l'efface entièrement, le souvenir d'une époque déjà lointaine où des bandes espagnoles, sous la conduite de chefs audacieux, franchirent la frontière, envahirent notre pays, brûlèrent et pillèrent nos villages et semèrent l'épouvante dans toutes nos vallées.

***

D'Ax au Quérigut par la Cerdagne française. — Au sortir d'Ax, la route longe un instant l'Oriège entre des rochers surgissant au milieu des frênes, puis franchit le torrent et pénètre dans la vallée plus large de l'Ariège, où les prairies et les champs de seigle sont encadrés de frênes et de hêtres. Des villages se succèdent, alignant leurs misérables maisons grises, qui semblent écrasées sous leurs toits d'ardoises.

Partout des monts encadrant la vallée, belles croupes revêtues de verdure : des chênes, des hêtres, plus haut des sapins. La neige s'amoncelle encore aux sommets, et c'est profondément triste ce manteau blanc sur les arbres en feuilles et les pelouses fleuries : de toutes parts, des torrents se précipitent en cascades, et tout au fond de la vallée, l'Ariège, grossie, écumante et grondeuse, se brise continuellement sur les amas de rocs qui s'opposent à son passage.

Cette partie de la Haute-Ariège est une des plus âpre que je connaisse. Là est le village de *Mérens*, au-dessous de pentes nues où l'on a gagné parmi les genêtières quelques champs de seigle exiguës. Les maisons sont pauvres, basses, recouvertes de grandes dalles d'ardoise rongées par une mousse lépreuse à teinte de bronze. Et à travers ce misérable centre, passe un affreux torrent dont le cône de déjection, rempli de blocs de granit arrondis, ajoute encore une note lugubre à toute cette désolation.

Mérens pourrait être un lieu de rendez-vous pour les touristes, car il est placé entre les deux principaux groupes lacustres des Pyrénées, celui du Carlitte avec ses deux grandes nappes du *Lanoux* et du *Naguilles*, celui de l'*Albe* où les lacs, moins nombreux et moins vastes, forment comme une rangée superposée, depuis le lac de Comte jusqu'au lac de Fontargente, sur la frontière d'Andorre : lacs solitaires, souvent sinistres, étalés entre les pelouses rases et les rocs nus, couverts de glaces pendant la plus grande partie de l'année...

Au-delà de Mérens, la vallée s'élargit un peu ; sur la rive gauche, des bois la rendent verdoyante ; la rive droite est plus nue, malgré les bois de sapins qui semblent monter à l'assaut du massif de Carlitte, et partout c'est le silence de la mort. A peine, de loin en loin, quelque alignement de granges ou *bordes* qui servent aux habitants de Mérens et de l'Hospitalet à serrer leurs récoltes de fourrage. Ces bordes sont tristes, plus triste encore le paysage ambiant. Cependant l'animation pourra venir en ces lieux désolés, quand le chemin de fer atteindra cette partie de la vallée.

Au-delà des bordes de Saillens où sourdent des eaux sulfureuses, la route s'élève au-dessus des granges par un double lacet ; la vallée, de plus en plus étroite, forme un couloir au fond duquel se montre l'Hospitalet, dernier village avant l'Andorre, pauvre et triste résidence où pourtant on trouve bon gite dans une excellente auberge, accueillante et gaie.

. . . .

Bientôt le pauvre village de l'Hospitalet est au-dessous de nous, si petit, si froid, si abandonné dans sa gorge profonde où l'Ariège roule la blancheur de ses eaux ! Un moment, nous regagnons la route pour la suivre pendant un kilomètre et, de nouveau, prendre un abrupt chemin en zigzag qui monte jusqu'au *port*. Au-dessous du point où le sentier se détache de la chaussée, le guide nous montre une fontaine allant à l'Ariège : c'est la *Paloumera* ; elle marque le commencement de l'Andorre. Ici, en cette solitude, pas une habitation en vue ; seules, deux remises à fourrage, quelques moutons sous la garde d'un pâtre, et la courbe profonde, étroite et longue, par laquelle descend l'Ariège naissante.

Le ciel est triste. Au-dessous, la route continue à longer la frontière par un énorme lacet que dominent les hauts pics de Fontfrède et de Fontnègre, au pied desquels l'Ariège sort d'un étroit *laquet*.

Enfin, nous voici au *col de Puymorens* (1.931^{m}). C'est un des passages les plus terribles des Pyrénées ; d'autres *ports* plus élevés ne sont pas exposés à de telles tourmentes, mais Puymorens est la proie de chaque vent ; ils y soufflent avec une inexprimable violence et chaque année, grand est le nombre des victimes dues aux tempêtes de neige. Nous trouvons, heureusement, le col dégagé ; la tempête de pluie et de neige qui sévit encore dans la vallée de l'Ariège est ici apaisée ; un pâle soleil, qui deviendra éclatant dans quelques heures, éclaire un paysage sévère. Au bord du ruisseau d'En-Garcias, descendu de la Coume d'Or, des chevaux gardés par un jeune homme broutent le gazon jaune encore.

En contre-bas voici des maisons, deux corps de logis reliés entre eux, construits robustement en granit. Ce sont les habitations cantonnières — le Refuge. — Pas un arbre, pas un buisson, des pelouses rocheuses entre lesquelles coulent des filets d'eau provenant de la fonte des neiges. Le pâle soleil illumine cette solitude. Devant la grille qui ferme la cour, des voitures attelées de bœufs stationnent ; les fillettes des cantonniers nous offrent gentiment des fleurettes, les premières apparues à cette altitude.....

Au delà du Refuge, la route décrit de grands lacets que nous évitons en prenant l'ancien chemin ; abandonné depuis longtemps, sillonné par les eaux, souvent rempli de flaques, il est fort pénible mais raccourcit de moitié le trajet. Sur un mamelon se dresse un débris de tour qui gardait le passage ; les monts s'entrouvent en un long couloir qui semble désert. Au tournant apparaît soudain, très gris et misérable, le village de *Porté*, auquel on arrive par une pente rocailleuse. C'est un triste séjour, fait d'une rue principale, étroite, sinueuse et sale, où s'ouvrent des ruelles plus étroites et plus sales encore. Les maisons sont basses, comme écrasées. A l'auberge, une vingtaine d'individus sont réunis. Debout autour d'une longue table, ils causent avec animation en dialecte catalan ; trois ou quatre seulement consomment.

...La vallée par laquelle nous descendons

est parcourue par un grand torrent, l'Aravo, auquel on donne aussi le nom de rivière de Carol. Vers Porté, le paysage est extraordirement triste. Le fond de la gorge est un hérissement de blocs de granit, moraines glacières ou éboulis descendus des cimes, au milieu desquels gronde l'Aravo. Ce torrent, en ce moment tranquille, eut récemment des fureurs; sur plusieurs points il a emporté les murs de soutènement de la route et il a fallu tracer une piste au long de l'abîme, entre de formidables rochers. Le défilé, très étroit, rempli par l'odeur forte des genêts, s'entrouve enfin : voici *Porta*, amphithéâtre de toits d'ardoise rougie par une sorte de mousse lépreuse. Et puis, les monts succèdent aux monts : tous sont chauves et les parois sont revêtues de blocs de granit qui roulent souvent sur la route menacée par l'Aravo. Tout cela est une désolation profonde.

Ce premier défilé s'élargit : dans un site toujours sauvage, entre des montagnes abominablement dénudées, un monticule porte les restes du château de *Carol*, deux tours dont l'une n'a plus qu'un pan de muraille. Ce fut longtemps le chef-lieu de la vallée, mais depuis que Porté, Porta et Latour-de-Carol sont devenus autant de communes, le pauvre hameau n'a plus aucune importance.

Carol, Courbassil ont bientôt disparu. La

route descend alors au sein des sites plus doux. Désormais la campagne est plus riante : on voit s'entr'ouvrir la vallée et apparaître la *Cerdagne*, entre des monts dont les cimes neigeuses s'élancent au dessus de grandes pentes de pâturages tachetés par les vastes forêts de pins. A cet épanouissement du sol se montre le bourg de *Latour-du-Carol*, fort coquet, et le plus riche de la Cerdagne, grâce à l'étendue de ses pâtures et à son commerce avec l'Espagne.

Après Latour, la route est très ombreuse, les plantations de peupliers et de saules en font une promenade où les habitants passent leurs après-midi des dimanches. Et partout, la plaine de Cerdagne s'étend en nappe uniforme et verte. Au premier plan, le village d'*Enveitg* couvre un côteau dominant le territoire espagnol. Voici là-bas : *Saillagouse* dans un pli ; *Err*, bien assis au pied de croupes ; *Sainte-Léocadie*, toute menue ; *Llivia*, étendue en écharpe autour de son monticule. Et puis... ce ne sont plus que de riches cultures, des maisons bien blanches, encadrées de prairies et de vergers, tableau d'autant plus gracieux que les monts sont plus âpres. Enfin là bas, tout là-bas, à l'horizon, le *col de la Perche* qui domine la forteresse de Montlouis...

Au delà de Montlouis, la route est solitaire : de la Llagone à Fourmiguières, assez gros bourg assis au pied d'une crête dite Las Pinatouse, on ne croise ni un homme ni un animal. Ces pauvres centres ont quelque culture, de seigle, d'avoine ou d'orge. La moisson n'est pas mûre encore ; lorsqu'on la fera, il sera temps de mettre en terre les semences pour la récolte suivante, car la neige ne tardera pas à recouvrir la plaine en ce moment verdoyante.

Mais l'altitude est si grande ! Nulle part au bord de l'Aude, elle n'atteint moins de 1,400 mètres ; Fourmiguères, qui fut la capitale du Capcir, est à 1,480 mètres, les Angles sont à 1,650. Les vents du nord ont toute carrière en ce large couloir ; ils amènent les tempêtes de neige et les froids rudes.

Seules les scieries de *Fourmiguères* jettent un peu d'animation dans cette désolation de la nature. Les maisons, hautes et grises, de la petite ville, sont d'aspect ancien ; beaucoup remontent peut-être à l'époque lointaine où le roi Sanche d'Aragon, qui passait ses étés sur ces hauteurs, rendit l'âme dans son pauvre palais de plaisance.

Puis, la route franchit un gros ruisseau, formé un peu plus haut par deux cours d'eau descendus du Laurenti, l'un par Fontrabiouse, où il s'accroît d'une fontaine abondante et bruyante (*font-rabiouse*, c'est la fontaine rageuse), l'autre par le hameau de Rieutort bâti à 1,540 mètres et qui renferme plus du tiers des habitants de la commune de Puyvalador. Enfin voici le col *des Ares*. Le chemin s'élève rapidement au-dessus du torrent, au flanc de monts pauvrement boisés. Le volcan se creuse ; sur l'autre versant, les arbres de la forêt descendent jusqu'au filet d'écume. Immense, cette forêt, au point qu'elle a reçu des noms différents, selon le canton. Entre les pins à crochets qui peuplent la forêt aux abords du Quérigut, on voit s'entr'ouvrir le vallon conduisant au lac. Des nuages masquent les cimes principales et étendent une ombre triste sur ce pli sylvain. Le chemin, abrupt mais boueux, est tracé entre les blocs erratiques surgissant au milieu des prairies en pentes raides. Cette route qui fut autrefois route royale, impériale, puis nationale ne fut jamais une voie bien fameuse ; Vauban l'aménagea pour l'artillerie du Grand Roi ; on put, tout au plus, y faire passer des chars rustiques ou des voitures légères. Aujourd'hui, l'abandon est complet ; la route des bords de l'Aude par les bains de Carcanières a fait déserter l'antique chemin qui, d'ailleurs monte trop haut. Et Quérigut n'a plus de communications directes et régulières avec le Capcir, pas plus qu'il n'en possède avec le département auquel on l'a rattaché.

Ce canton est peut-être le seul de France qui soit sans relations vicinales avec la circonscription administrative dont il fait partie. Non seulement aucun chemin de fer, mais encore aucune route ne le relie à son chef-lieu. Pour se rendre à Foix et dans le reste de l'Ariège, il faut traverser à pied ou à mulet le massif du Laurenti par des sentiers à peine tracés et aller gagner Ax-les-Thermes, où l'on trouve la civilisation sous forme de gare, de route et même de casino. Encore ce trajet n'est-il faisable que pendant trois mois de l'année, quatre au plus !

Pour gagner la vallée de l'Ariège, une voiture devrait monter par le plateau de Sault et Belcaire, dans le département de l'Aude ; or, les pentes sont telles, que le plus simple est encore d'aller prendre le chemin de fer à Quillan, ou à la gare d'Axat.

Quant au voyage par la Cerdagne et le Capsir, c'est encore une expédition, à moins de s'en aller, comme nous le faisons, sac au dos et bâton à la main.....

... Si au lieu de prendre en revers comme nous l'avons fait, le pays de Quérigut, on préfère suivre la voie plus fréquentée qui remonte la vallée de l'Aude et pénétrer ainsi en Donezan par le nord, on a droit devant soi, au-dessus des forêts de sapins qui en tapissent les pentes, le pic de Laguzon dont le forme conique se hérisse de belles roches, et, la montagne de la Gouge aux escarpements plus formidables encore. Tout ce versant ensoleillé n'a qu'une pauvre végétation, mais la roche est admirablement fière par les teintes puissantes des grandes cimes. Dans l'étroit bassin, le torrent a scié le granit et creusé de profonds abîmes. Les habitants, bûcherons ou pasteurs, ont de petites cultures et, pendant les veillées, tressent des paillons et des cabas. Puis, un défilé s'entrouvre entre des roches aiguës et l'on voit apparaître sur un promontoire les ruines du château d'*Usson*. Elles n'ont pas de beauté propre, ce sont de régulières murailles déchiquetées par le temps ; merveilleusement campées, elles dominent un petit cirque d'une fraicheur exquise. Sous les aulnes géants et les noyers vigoureux s'étendent des prés fleuris, où abondent de grandes ancolies d'un bleu pâle.

Jadis, le château d'Usson fermait l'entrée la plus facile de la haute vallée de l'Aude et du large bassin du Quérigut ouvert entre les âpres cimes rayonnant du puissant massif montagneux du Laurenti. Aux temps féodaux, ce grand cirque, bien délimité, constituait la seigneurie du *Donezan*, partie du comté de Foix. La Révolution respecta ces biens. Au lieu d'attribuer le pays de Quérigut au nouveau département de l'Aude vers lequel il tend naturellement par le cours du fleuve, elle en fit, malgré la difficulté des communications, un canton de l'Ariège.

Au-delà des ruines d'Usson, où la Sonne atteint l'Aude, le chemin s'élève rapidement vers Rouze. Le torrent tombe en cascades d'argent au milieu des arbres et des prés. Jusqu'au village, c'est une succession de chutes admirables et bruyantes.

Rouze ouvre la ligne des centres d'habitation ; il couvre une terrasse au confluent de la Bruyante et du ruisseau de Laurenti, dont la réunion forme la Sonne. Sur un chaos de rochers, le village a des façades blanches et des toits d'ardoises ; les fenêtres ouvrent vers la vallée si profonde que le château d'Usson, couronnant son roc contre lequel un hameau est accroché, semble au fond de l'âbime. A un kilomètre de Rouze sur les bords de la Bruyante, est le bourg de *Mijanès*, la plus grosse agglomération du Donezan après le Quérigut. C'est le centre dont le tracé est le moins irrégulier, mais les rues sont en pentes raides, pavées de cailloux inégaux et d'une remarquable saleté. Et puis... en amont de Mijanès, c'est le désert où l'on ne trouve un peu de vie que pendant l'été, lorsque le bétail vient paître les immenses pelouses arrosées par des torrents qui coulent au fond de vallées sévères...

...Sauf Mijanès, il n'y a pas de villages dans les vallées du Laurenti et de la Bruyante ; mais le premier de ces cours d'eau est gardé à son débouché vers le ruisseau de Quérigut par deux petits centres : *Artigues,* assis sur une croupe molle, couverte de belles prairies encadrées de peupliers, et *Le Pla.* Artigues est purement pastoral ; Le Pla, au contraire, possède auberges, notaire, artisans nécessaires à la campagne, et même deux minuscules filatures. Le petit bourg fait face à une montagne hérissée de roches ; tout autour des champs de seigle et des prairies dessinent une ceinture aimable. En cette contrée où le confort et même la propreté sont choses inconnues, le Pla offre des ressources de gite : aussi le percepteur, l'agent voyer, le garde général des forêts le préfèrent-ils au Quérigut.

Des abords de ce « *Versailles* » du Donezan, on embrasse d'un coup d'œil tout l'ensemble du pays qui affirme bien nettement son unité par le cadre de ses grands monts : massif de Laurenti et chaine de Madrès. Vers le sud, le bassin s'élève en pente douce striée de vallons. Au milieu trône le *Quérigut,* dominé par la silhouette noire de son château singulièrement dressé sur un rocher sombre.

Cette haute vallée est très verte par les moissons, assez peu étendues, et par les prairies naturelles autrement vastes ; mais ces ondulations sont parsemées d'une multitude de traînées de roches de granit. Ce sont des blocs erratiques, témoins de l'ancienne expansion glacière. Ils forment sur les sommets des mamelons de fantastiques amas ruiniformes, comme des débris de forteresses cyclopéennes.

Dans cette contrée chaotique, le Pla est relativement horizontal; seul entre tous les villages du Donezan il n'est pas formé de rues raides et rocailleuses. De ses deux torrents, celui de Laurenti débouche par une gorge assez laide, creusée dans une vaste moraine.

Le Laurenti donne la vie à des scieries où sont débités les hêtres et les sapins des grandes forêts étendues au-dessus de la zone des prairies; le ruisseau de Quérigut fait également mouvoir de petites usines, moulins à blé et à foulons. Ce dernier cours d'eau a pour vallon une admirable conque de prairies, en ce moment blanchies par la profusion des narcisses qui répandent une puissante senteur.

La route s'élève encore de 100 mètres jusqu'au Quérigut en franchissant des torrents descendus de hauts sommets revêtus par la forêt de Bragues. Des pentes parcourues, on découvre, sur la route opposée, des moraines tapissées de prairies au milieu desquelles les blocs erratiques, particulièrement nombreux, offrent des dipositions étranges. Ici ce sont des cascades subitement figées, là des amoncellements, plus loin des hautes aiguilles. Les crêtes de ce pays bouleversé sont des dents de scie ébréchées. Au-dessus de ce chaos, deux villages, le Puch et Carcanières, sont d'aspect misérable.

Une route forestière se détache à l'entrée du vallon de Saint Jammes pour pénétrer dans l'intérieur du Laurenti. Elle a son point de départ en face des ruines informes du hameau de Saint-Félix, le *Dônatium* qui fut la métropole du futur Donezan. De là, le Quérigut se montre sous son aspect le plus virginal ; on le devine à peine derrière un rocher à trois pointes dont la cime médiane garde les ruines du castel. Pour atteindre le bourg, il faut traverser un hameau, le Mas, franchir le torrent et, par des pentes que gagne le reboisement, tourner brusquement à l'est.

Alors on arrive au *Quérigut*, un des plus tristes chefs-lieux de canton que l'on puisse voir : les rues étroites, sinueuses, raboteuses, déclives, bordées de maisons de granit d'un aspect rébarbatif. Cela se colle au rocher noirâtre et dévale vers Carcanières. Pas une devanture de boutique, un peu accueillante, pas une façade blanche.

Ce milieu peu folâtre est pourtant celui où naquit le futur duc de Roquelaure, « duc à brevet et plaisant de profession », a dit Saint-

Simon. Le Quérigut, au temps où naquit le facétieux maréchal et duc, constituait la capitale de l'espèce d'Etat indépendant qui était alors le Donezan. Les franchises du petit pays, garanties par les comtes de Foix, l'avaient été par leurs successeurs, les rois de France. Les communes actuelles formaient des « consulats » s'administrant eux-mêmes. Ces consulats nommaient un syndic placé à la tête de l'administration du pays. Deux fois par an, le juge mage, celui de Foix d'abord, celui de Pamiers ensuite, venait dans la vallée pour régler les différents; le souverain seul pouvait trancher en appel.

Ce régime républicain remontait aux plus anciennes traditions du pays; les comtes de Foix et les rois l'avaient tous respecté, mais Louis XIV, oublieux de ces privilèges, renonça à la seigneurie directe pour la vendre au marquis de Bonnac, et celui-ci supprima le rôle du juge mage pour créer une charge de juge souverain. La Révolution balaya et le seigneur et le juge. Elle maintint les droits indivis des communes sur les pâturages et les bois toujours exercés aujourd'hui.

Aujourd'hui le Donezan a été ruiné par le dépeuplement. La nouvelle route nationale par la vallée de l'Aude, qui dessert directement les bains de Carcanières, amène quelques voyageurs en ces pittoresques régions. Ces bains étaient autrefois fort peu accessibles, aussi leur installation était-elle sommaire. Maintenant un village thermal d'hôtels et de maisons de location occupe les deux rives du petit fleuve. A gauche, ceux de Carcanières, à droite ceux d'Escouloubre. Mais ces pauvres centres sont loin ; on n'y accède que par des chemins en lacets, très ardus, de véritables échelles.

Pour les baigneurs ingambes, le Quérigut est un but d'excursion : ses forêts, la vallée supérieure de son torrent, le lac auquel il donne son nom, perle des lacs du Laurenti, sont des sites d'une réelle beauté. Cela, hélas ! manque d'abri et ce ne sont pas les auberges plutôt misérables du bourg qui compensent l'absence des châlets du Club Alpin.

*
* *

LE SAINT-GIRONNAIS

Saint-Girons. — Agréablement située, au pied des Pyrénées, en un vallon entouré de verdoyantes collines, au confluent de deux rivières, Salat et Lez, la petite ville de Saint-Girons s'élève au point central où aboutissent les cinq principales vallées de l'arrondissement. C'est le cœur de cette contrée ancienne du Couserans qui présente en quelque sorte la figure d'une feuille de vigne dont les nervures seraient autant de rivières et de vallées, convergeant toutes vers la principale et offrant chacune une physionomie particulière. Sur la rive droite du Salat s'étend la ville tandis que sur la rive gauche se prolonge le faubourg de Villefranche, avec l'ancien château, le palais de justice et les prisons.

Au XVIe siècle, Saint-Girons fut assiégée par ce capitaine huguenot dont l'infatigable ardeur se signale partout, en cette époque si pleine d'animation et de vie. C'est au retour du siège d'Alet que le sieur d'Audou alla camper sous les murs de Saint-Girons, alors petite ville forte, assise sur le bord du Salat et défendue par un castel imprenable. Le chef des réformés somma les habitants de se rendre : sur leur refus, il tira quatre-vingt-sept coups de canon sur la cité, de trois heures du soir à la nuit. La brèche étant assez grande, il résolut de monter à l'assaut, le lendemain, à la pointe du jour. Mais les assiégés qui ne se croyaient pas assez nombreux pour le soutenir, abandonnèrent la place, durant la nuit, par une fausse porte qui avait issue sur la rivière, et se retirèrent dans les vallées voisines, où d'Audou ne crut pas devoir les poursuivre jusqu'en ces retranchements. Il laissa quelques soldats à la garde du château, revint sur ses pas et se dirigea sur Pamiers, dont il voulait s'emparer par surprise.

L'Eglise. — Etudiée à l'extérieur, l'église de Saint-Girons se montre presque entièrement dénuée de caractère et de profilation. A part sa forme et ses baies, elle ne se distingue guère des édifices ordinaires. Les flancs des murs latéraux sont seulement interrompus, de distance en distance, par des contreforts qui suffisent à contrebutter les voûtes, assez légères pour ne pas exiger un complément d'arcs-boutants. La toiture, composée de tuiles creuses, est à deux versants peu inclinés. De tous côtés, les murs sont brusquement amortis par le toit : point de ces belles corniches, de ces gracieux modillons qui forment, sur d'autres monuments de si élégantes couronnes.

L'aspect extérieur de cette église rappelle les basiliques romano-byzantines de la période Carlovingienne. Si nous n'avons jusqu'ici fait mention de façade, c'est que l'église n'a pas réellement et ne pouvait avoir de façade principale, à cause de la position du clocher en dehors et à l'occident du vaisseau, auquel il adhère pourtant. On dirait un livre extérieurement orné de gravures et dont on aurait détaché le frontispice richement illustré.

Deux portes l'une à l'occident, l'autre au midi. La première n'a rien qui la recommande à l'attention de l'archéologue. Percée dans le mur commun au vaisseau et au clocher, elle est, comme ce dernier, d'une date ancienne. Le portail méridional, d'une physionomie grave et austère, est décoré de colonnettes non engagées, qui se continuent en tores à la voussure. Un grand arc, retombant sur les contreforts voisins, surmonte le portail. Il est couronné d'un toit en pierre appuyé sur des corbeaux A la vue de cette arcade très saillante, on dirait un simulacre ou un rudiment de porche. Au dessus de cette région se trouve la seule rose que l'église pût recevoir ; elle est trilobée et n'a d'autre défaut que d'être circonscrite dans de faibles dimensions, et, par suite, d'être trop bornée dans ses effets.

A l'intérieur, les vitraux des baies étroites ne laissent pénétrer le jour qu'en rayons affaiblis. La nef principale est accusée par huit arcs d'entrecolonnements, quatre pour chaque côté. Ces arcades sont soutenues sur des piliers carrés un peu trop matériels et cantonnés de quatre colonnes engagées et disposées en croix. L'aspect de ces appuis et des arcs qu'ils supportent rappellent la fabrique ogivale du XIIIe siècle. Les chapiteaux, variés dans leurs décorations, ont été fouillés avec beaucoup de soin. Les colonnes de l'intérieur de la grande nef s'élèvent beaucoup plus haut que les autres pour recevoir la retombée des arcs-doubleaux qui distinguent les travées de la voûte dont les nervures sont croisées.

Le clocher qui a survécu à l'ancienne église s'élève majestueux dans les airs, et domine la ville de façon pittoresque. Il est porté sur quatre arcades gothiques et autant de piliers vigoureux, et son plan général a beaucoup d'analogie avec celui de plusieurs édifices du même genre construits dans le XIVe et XVe siècles. Il se compose d'une tour, carrée dans sa plus grande hauteur, et d'une flèche octogone. La tour est divisée en quatre étages, qui, en montant successivement et se superposant en retraite, donnent au clocher une apparence de légèreté et de profil. Le premier étage, totalement nu, est éclairé par une seule baie, dont l'arc est angulaire ; au deuxième étage, peu élevé, s'ouvre une baie écrasée en plein-cintre. L'étage suivant porte les cloches. Là, du moins, l'artiste a laissé quelque trace de son passage. Chaque face de cette partie de l'édifice est décorée de deux baies gothiques d'un style pur et ferme ; elles sont sans fenêtrage et entièrement ouvertes. La partie supérieure enfin, beaucoup plus en retrait que les autres, en diffère encore par sa forme, octogone comme celle de la flèche, à laquelle elle ressemble aussi par le simple enduit de mortier dont elle est revêtue. C'est, pour ainsi dire le trait-d'union entre la tour et la pyramide. Au-dessus, et autour de la flèche, circule une galerie close par un parapet plein et sans valeur artistique.

La flèche, relativement étroite, est caractérisée par les huit pans et ses crochets échelonnés le long des arêtes. Divers accidents l'ont dépouillée d'une partie de ses ornements. Elle est surmontée d'une tige de fer qui traverse une boule et soutient une girouette. Sur la plaque de la girouette a été gravée à jour une cloche, par allusion aux armoiries de la commune : elles portaient *d'azur à la cloche d'or.*

***

Saint-Lizier. — D'abord *Civitas Conseranorum*, la cité médiévale d'*Austria* est devenue de nos jours la ville de Saint Lizier. Siège d'un évêché durant le ve siècle, elle fut, en l'an 708 assiégée par une formidable armée de Goths, et délivrée, selon la tradition par une vision qui épouvanta le chef des Barbares, vision qui lui représentait l'évêque d'Austria, Saint-Lizier, le saisissant à la gorge et le menaçant de mort. Effrayé, il fit sonner la retraite et s'enfuit la nuit même. Une autre tradition prétend que le Saint, ayant paru sur le seuil de la porte exposée aux coups des ennemis, un orage éclata aussitôt et effraya les assiégeants qui se retirèrent.

Sarrazins et Wisigoths réunis la prirent et la saccagèrent en 736 ; peu à peu elle se reconstruisit par les soins de Charles Martel et de Saint-Lizier.

On a trouvé, il y a peu de temps, dans un jardin de Saint-Blanquat, les ossements de six guerriers alignés côte à côte et couverts d'armures, rongées par la terre. Ces squelettes avaient près de six pieds de haut et rappelaient, dit-on, la stature de ces Barbares venus du Nord. On possède encore, à peu près intact, un casque en fer qui coiffait un de ces squelettes ; le pourtour extérieur de la calotte est orné de clous ou plaques en laiton ; l'ouverture représente assez bien celle d'une coquille entrebâillée ; une crête haute, épaisse, évidée à l'intérieur, unit et surmonte les deux valves de la coquille, et vient expirer aux deux coins de l'ouverture, symétriquement relevés en croissant. Malgré la rouille, on y voit encore sensiblement imprimées diverses lignes et figures. Ce casque ne forme qu'une seule pièce immobile. A quelle nation appartenaient ces armes et ces cadavres ? Etaient-ils Sarrazins, Goths, ou de toute autre race ? Voilà ce que les antiquaires auraient pu nous apprendre.

L'invasion des Sarrazins a laissé des traces dans l'esprit des populations. On montre encore les bois, les lieux déserts, les grottes où les restes de leurs bandes se réfugiaient quand, pourchassés par le vainqueur de Poitiers et le duc d'Aquitaine, elles repassaient les gorges des Pyrénées. Le souvenir de l'industrie de ces étrangers est resté empreint dans l'imagination populaire ; on leur attribue des œuvres remarquables ; on les croyait possesseurs de secrets merveilleux et de nos jours on dit encore d'une personne nuit et jour âpre au travail : « *Trabailla coum'un Sarrazi* ; et dans les soirées d'hiver, la légende des Sarrazins se confond avec les contes des fées de la montagne.

Originaire du Portugal, Saint-Lizier gouverne son église pendant quarante ans. On montre encore à Saint-Lizier, le buste d'argent de l'évêque, tout orné de pierres brillantes et d'arabesques gravées avec art. Les traits du buste ne sont nullement ceux de Saint-Lizier, mais on reconnaît sa figure espagnole dans un médaillon enchâssé sur la poitrine du buste.

Réduite en cendres en 1130 par Bernard Ier, comte de Comminge, Saint-Lizier releva ensuite, sous les évêques, ses ruines ; mais elle perdit jusqu'aux traces de son ancienne splendeur ; et des pierres d'architecture antique, des sculptures, des marbres rares furent enfouis dans la fondation des nouveaux édifices.

Les remparts de Saint-Lizier sont encore en partie debout, du côté de l'Ouest ; le temps a bien miné le calcaire sur lequel ils sont fondés, mais telle était leur solidité que des pans entiers sont tombés sans se rompre, comme si le ciment n'en formait qu'un seul bloc. Des restes de tours, des débris épars prouvent que l'ancienne cité avait beaucoup plus d'étendue que la ville actuelle. Dans les murs de l'Eglise, on voit des pièces de marbre blanc, cannelées ou chargées de feuilles d'acanthe et d'autres ornements, ruines d'anciens temples. Au pied du rempart, près de la porte de Nargua, on peut voir la bouche d'aqueducs construits avec des blocs de roches précieuses. On lit même, sur la partie supérieure d'un aqueduc, quelques lettres d'une inscription, dont la maçonnerie cache le reste. Des maisons particulières présentent des curiosités analogues. Et en cette terre où furent adorés jadis les dieux de l'antiquité grecque et romaine, on a trouvé dans l'intérieur d'un autel en 1671, l'image d'un Janus, avec ses deux têtes, tandis que récemment encore on mettait à jour un frontispice en marbre avec ce fragment d'inscription en l'honneur de Minerve : « *Minervae belissamae sacrum Q. Valeriv. Montau...* »

... Construite sur le penchant méridional d'une colline, Saint-Lizier s'élève sur la rive droite du Salat, en une position d'où l'œil jouit d'un des plus beaux spectacles que puisse présenter la nature. Son palais épiscopal, que fit élever à grands frais, de 1655 à 1680, Bernard de Marmiesse, évêque de Couserans, sert depuis plusieurs années d'asile aux aliénés du département. La façade, décorée de trois tours demi-circulaires, se prolonge de l'est à l'ouest et produit un bel effet de perspective, vue du côté de Saint-Girons. On remarque encore à Saint-Lizier l'hospice civil, le pont sur le Salat et l'église avec ses riches boiseries... Saint-Lizier était admirablement située, selon le génie des anciens temps, bâtie sur la hauteur dans l'étranglement de deux plaines qu'elle domine, elle étendait la double ligne de ses épais remparts, jusque dans les eaux du Salat et en barrait les rives... Aujourd'hui, l'herbe croit dans ses rues solitaires ; mais elle montre avec orgueil à ses pieds la ville de Saint-Girons qui est sa fille, qui s'est accrue à ses dépens, et a grandi, pour ainsi dire, à l'ombre de ses tours....

*
* *

En Castillonnais. — *Castillon*, dont le passé historique n'offre rien de particulier, se trouve sur la rive droite du Lez, en une position agréable, au débouché de trois belles vallées. Cette ville tire son nom d'un château, jadis situé sur la hauteur qui la domine. On pense que la chapelle du calvaire faisait partie de ce castel ; le style de son architecture en ferait remonter la construction au XIe siècle, si toutefois elle ne doit pas être reportée plus loin, à en juger par l'inscription qu'on lit au-dessus de la porte d'entrée.

...A l'Ouest de Castillon, c'est la belle vallée de *Bellongue* qui doit captiver, durant des journées entières, le visiteur. Il côtoie le lit de la Bonigane, et passe au milieu de nombreux villages, qui garnissent le vallon ou se présentent à mi-côte. En cette vallée, il admirera ces côteaux parsemés de villages et d'arbres fruitiers, étalant sur leurs pentes peu rapides et sur la lisière des bois qui les couronnent, de magnifiques cultures, au milieu desquelles les pampres verdoyants entourent l'érable. Tandis que le touriste ne sait exprimer ce qu'il ressent, devant ces beautés prodiguées par la nature, il côtoie une population qui n'a pas l'air de soupçonner quel charmant pays lui est échu en partage. Comment donc les Parisiens et les gens du Nord, les gens de la plaine, quand l'appétit des grandes scènes champêtres s'empare d'eux, en été, ne sont-ils pas dirigés par leur faim et soif de villégiature à la campagne, vers cette gracieuse et rare vallée de la *Bellongue?* Dans les gorges de nos montagnes, pleines d'air et d'espace, ils oublieraient bien vite les arbres postiches, les gazons artificiels, les lacs morcelés et les logis en carton peint! Là, des sources rafraîchissantes, des eaux d'une transparence de cristal : et ces tunnels de verdure, et ces allées couvertes, qui sont des merveilles! Là, ces toits de chaume et ces demeures seigneuriales, qui sont autant les unes que les autres, le charme et la gloire du pays!...

La chasse aux bisets. — A l'extrémité de la vallée, au village de *Saint-Lary*, qu'avoisinent de superbes forêts de hêtre, a lieu, chaque année, une chasse spéciale, pleine d'incidents et d'émotions, la chasse *des pigeons ramiers* ou *bisets*, aux Penthières. Il s'établit, entre chasseurs et gibier, un combat de ruse qui devient néfaste pour celui-ci. On barre par un large filet le passage du col, dans toute son étendue ; et, quand un vol de bisets s'annonce dans le lointain, la question est d'attirer dans le filet ces malheureux oiseaux. Il faut alors admirer la fièvre des chasseurs stoïques lorsque, après avoir attendu durant des heures et des heures, dans leurs embuscades, ils se précipitent sur leurs innombrables prisonniers qu'on prend par centaines et par milles. Entassées en des paniers d'osier, ces pauvres bêtes ne tardent pas à paraître, la chair presque saignante, sur la table de leurs vainqueurs...

Les *Demoiselles*. — C'est à Saint-Lary que commença au mois d'avril 1829, l'insurrection des *Demoiselles*,, paysans soulevés contre de nouveaux règlements forestiers qui restreignaient leurs droits d'usages. Réunis parfois au nombre de 1000 à 1500, ils portaient une chemise sur leurs habits, et, la figure barbouillée de suie, la hache ou le fusil à la main, apparaissaient à l'improviste pour donner la chasse aux gardes forestiers, puis disparaissaient avec la même promptitude. Après la Révolution de 1830, grâce à la tolérance qui s'introduisit dans l'exécution des règlements forestiers, on n'entendit plus parler des Demoiselles.

El hombre del demonio. — Le sommet des montagnes qui dominent la vallée, sert de base aux glaciers du Crabère, l'un des géants de cette région. Un de nos compatriotes s'y est signalé par un beau fait d'armes. Le général qui commandait le Haut-Aragon, estima qu'il fallait dix mille hommes pour emporter la ville qu'il assiégeait. *Roquemaurel*, avec une cohorte de trois cents ariégeois, part secrètement au milieu d'une nuit sans étoiles ; la pointe des baïonnettes sert à frayer, dans les glaciers de Sagouy, la place du pied. Il fait main basse sur neuf avant-postes, dont il tue lui-même les sentinelles ; la ville est surprise, et, à quatre heures du matin, le fort tombe entre ses mains. Ce coup hardi méritait récompense ; il lui valut la défaveur de son général. Au surplus, quand on demande aux Espagnols ce qu'était Roquemaurel, ils répondent en se signant : *un hombre del demonio* ; les mères le nomment à leurs enfants pour les effrayer...

***

La vallée de Bethmale. — La vallée de Bethmale dont le nom est d'origine latine *(vallis mala)*, mesure à vol d'oiseau environ 14 kilomètres en longueur et 7 en largeur. Son étendue réelle est de 4621 hectares. Elle descend du Mont-Valier entre deux arêtes de pics qui l'accompagnent à l'Ouest, au Sud et à l'Est jusqu'à son ouverture sur les limites des communes de Bordes-sur-Lez et Castillon. Ses lignes divisionnaires lui donneraient l'aspect d'un vaste parallélogramme assez régulier, si elle ne remontait, en forme d'éperon, à travers les ressauts escarpés du Mont-Valier (P. Baby).

Il pleut dans ce beau pays de Couserans, durant les humides journées de printemps, comme si les cataractes du ciel avaient l'honneur d'alimenter éternellement ses réservoirs hospitaliers, où vont se désaltérer les oiseaux, les troupeaux et les pâtres. C'est à ces ondées fréquentes que le Bethmalais doit la fertilité de son champ et l'incomparable verdure de ses prés. Son climat est généralement assez froid. L'hiver y est long et rigoureux ; l'été, avec ses journées tropicales, de courte durée. En revanche, l'automne, avec ses soleils attiédis et ses nuits étoilées, en fait, pendant de longues semaines un séjour délicieux.

En suivant le chemin qui relie les villages d'*Arien* et d'*Ayet*, on entend au fond de la vallée murmurer, entre deux lignes sinueuses de peupliers, le Balamet, qui prend naissance à la *Malédo*, traverse le laquet d'*Eychelle* et passe au pied de *Balam*, qui lui donne son nom ; puis, s'alimentant d'une infinité de ruisselets qui descendent des versants opposés, serpente entre deux rives escarpées et va se jeter dans le Lez, au village de *Bordes*. Ordinairement paisible, le Balamet devient, à la fonte des neiges, un torrent impétueux.

Sur la rive gauche du Balamet, non loin du village d'Ayet, sur les pentes d'une prairie, se dresse un de ces monuments mégalithiques que l'on ne trouve que rarement dans nos contrées, le menhir de *Peyro-Quillado*. C'est un gros bloc de granit fiché en terre par la pointe et qui mesure sept pieds de haut. Les fouilles pratiquées aux alentours n'ont donné aucun résultat.

*
* *

En face le village d'*Arrien*, sur une sorte de promontoire rocheux, qui se détache des flancs de la *Serre*, se dessine la sombre silhouette du *donjon de Braurevaque*. C'est une tour carrée sans ouvertures, à demi recouverte encore d'une voûte en maçonnerie. Ce donjon, isolé du mur d'enceinte est défendu sur les côtés accessibles du mamelon, par un triple rempart, tandis qu'un simple mur de clôture domine le ravin, au pied duquel coule le ruisseau de la vallée. La cour était occupée par de petits corps de logis reliés aux murs d'enceinte, et c'était là que devaient s'abriter les troupes et que l'on emmagasinait les provisions alimentaires et les munitions de guerre. M. l'abbé David Cau-Durban y a récemment découvert une épée de fer, des boucles de cuivre, des éperons et un denier de Charles VI. Le castel de Braurevaque n'a pas laissé de souvenirs précis dans l'histoire du pays. C'était sans doute l'une de ces vedettes que les anciens avaient bâties le long des Pyrénées depuis une mer à l'autre pour signaler l'approche de l'ennemi. Mais quelque soit le rôle que cette petite forteresse ait joué dans la défense de nos contrées, il faut avouer que la position en était admirablement choisie pour surveiller le *port de la Core* et les gués du Lez ; elle était la clef des deux vallées de Biros et Bethmale.

C'est surtout par le costume de ses habitants que cette dernière vallée s'est créée une célébrité sans partage dans la région. L'un des objets les plus remarquables de la toilette bethmalaise est le sabot élégamment recourbé en pointe effilée, chamarré de clous jaunes dessinant sur l'empeigne des cœurs ou de petites rosaces ; les brides de fer sont parfois de ravissants chefs-d'œuvre où le forgeron du village a épuisé toute l'inspiration de son génie artistique. Ce costume si intéressant ou si étrange qu'il soit, n'autorise pas l'induction de quelques esprit aventureux qui ont pensé que les habitants de cette vallée constituaient un groupe ethnologique qui n'avait pas de similaire en ces contrées. De récentes observations anthropologiques sont loin de confirmer cette opinion et il est à peu près avéré que ce costume appartient aux anciennes peuplades de nos Pyrénées ; abrité contre les invasions mobiles de la mode, dans ce coin isolé, il a pu, plus facilement qu'ailleurs, se conserver dans sa forme primitive. Quoiqu'il en soit ce costume est fort singulier par sa coupe et l'harmonieuse diversité de ses couleurs ; et pour sa confection, le bethmalais n'a besoin du secours d'aucun ouvrier étranger. La femme file le lin et la laine ; l'homme tisse, coupe et confectionne.

Toute excursion dans cette vallée curieuse doit se terminer par une visite au *lac*. Le *lac* est situé dans un cirque majestueux formé par les déclivités abruptes du *Mont-Ner* et du roc de *Balam*. Les gigantesques parois du cirque sont tapissées d'une opulente verdure, à la base, et couronnées, au sommet, d'une crête qui profile dans le ciel, ses profondes dentelures. La nappe d'eau qui remplit le fond du bassin n'est pas d'une grande étendue, mais elle renferme un poisson très estimé, la truite saumonée, dont la chair ferme et savoureuse fait les délices des gourmets. Les touristes qui préfèrent le plein air à la toiture confortable du chalet forestier, iront s'arrêter sous le dôme d'un vieux hêtre, qui domine le tertre, et de tous temps connu sous le nom de *Tos des Moussus*. Du lac, pour aller au *Mont-Valier*, on prend la direction du midi par les lacets qui se dérobent sous l'ombreuse *forêt de Ca-*

dus, et, tournant à gauche, on côtoie la sapinière de *Mont-Ner*. On salue, en passant, les cimes sourcilleuses du *Garbé de Balam* et l'on va vers le milieu du jour, se reposer aux cabanes d'Eychel. Puis, on gravit le *Portet*, à travers un chaos d'éboulis et l'on se trouve dans les pâturages de *Haute-Serre*, d'où apparaît subitement, dans le ciel d'or de l'Espagne, le gigantesque dôme du *Mont-Valier*. Ce n'est pas sans un saisissement étrange que l'on voit se dresser, à quelques pas devant soi, cette énorme pyramide s'isolant dans la majestueuse solitude de toutes les cimes voisines. L'ascension du Mont-Valier doit se faire par le versant de Seix ou celui de Bordes. Du côté de Bethmale, l'escarpement est à pic et défie le pied le plus exercé. Les trois pitons rocheux qui terminent sa lourde cime étaient autrefois surmontés de trois croix ; il n'en reste plus qu'une, mesurant de la base au sommet 0m50, et 0m55 dans la direction des bras. Elle est taillée dans un bloc de calcaire blanc. On y lit sur le champ tourné vers le Couserans :

EPISCOP

DOMIN VALERIS

POSVERE

1672

La tradition attribue l'une des croix qui couronnaient cette montagne à Saint-Valier lui-même. Evidemment ce n'est pas celle qui porte l'inscription que nous venons de transcrire, mais l'une de celles qui ont été enlevées. L'évêque qui a érigé celle qui est encore debout a, sans doute, voulu perpétuer ce souvenir dans l'inscription précédente...

***

Vallée de Seix. — Si l'on en croit une pièce qui existe aux archives de Seix, patrie de *Pagés de l'Ariège*, Charlemagne, à son retour d'Espagne, serait rentré en France par le Couserans.

« Le roi S. Charlemagne, venant des Es-
« paignes avec sa mère Berthe, fille du roi de
« Hongrie, ayant pris son passage par ledit
« pays, recognut fort bien la facilité que le roi
« d'Espaigne avait pour passer en France de
« ce costé-là (d'autant plus que les Espai-
« gnols sont en pays plat plaine de leur costé
« et ne font que descendre pour rentrer en
« France), fit incontinent bastir un chasteau
« et forteresse dans la juridiction dudit lieu de
« Seix, et y mit forte et considérable garni-
« son, qu'il entretint durant sa vie à ses des-
« pens, et entretenue encore despuis par nos
« défunts roys ses successeurs : lequel sei-

« gneur roy Charlemagne accorda aux habi-
« tants dudit lieu, en cette considération de
« grands et beaux privilèges sur les forêts et
« montagnes, à la faveur desquelles forêts,
« lesdits habitants se sont toujours gardés
« contre les incursions des ennemis espai-
« gnols, en coupant des arbres et les mettant
« aux passages, et de cette façon ont empêché
« que les ennemis ne sont jamais depuis 400
« ans entrés en France de ce costé-là. Ce
« qu'ayant été connu par nos anciens roys,
« ont relaché le chasteau basti audit lieu, et
« par la non habitation cette maison a péri,
« et présentement n'y a que de vieilles ma-
« zures ».

Les restes de ce château, connu sous le nom de *château de la Garde*, ont encore un aspect imposant. Assis à l'entrée des vallées d'Ustou et de Couflens, sur le plus haut mamelon d'une arête qui s'élève au-dessus de la route d'Espagne, le vieux castel menace de ses rochers la tête des voyageurs. A l'Est une pelouse verte forme une espèce de col entre ce mamelon et la montagne de Mirabach. Du côté du Salat une forêt de chênes implante ses racines à travers les fentes des riches marbres dont les courbes vont s'inclinant jusqu'à la rivière.

La forme du château est celle d'un rectangle. Trois tours rondes sont placées aux trois angles de l'Est, du Sud et de l'Ouest ; les murs qui joignent une tour à l'autre ont eux-mêmes une forme courbe qui les rendait plus capables de résister au bélier ; une haute tour carrée, placée à l'intérieur, constituait le donjon. Les murailles sont lézardées d'étroites meurtrières ; çà et là, dans l'épaisseur des murs, on aperçoit des restes de portes que le feu a calcinées. Et nulle part d'inscription ; aucun indice d'art ; aucun travail au ciseau ou au marteau ; mais partout un ciment d'une solidité merveilleuse.

L'arête sur laquelle se dresse le castel de la Garde s'élève rapidement jusqu'aux monts de Mirabat, sur le sommet aiguë desquels se dressent encore les ruines d'un de ces forts que les anciens élevaient de distance en distance pour veiller sur le pays ou donner le signal de la guerre. La défaite de l'armée de César par Vercingétorix fut, dit-on, connue le jour même d'un bout de la Gaule à l'autre. Aujourd'hui, les murailles du fort, construites en marbre blanc, ne forment plus qu'une échancrure qui se perd dans les airs ; on y trouve des traces de voûte et de tour carrée ; un précipice le borde au Sud. Au pied du mur, on aperçoit une ouverture de forme un peu cintrée qui est, à ce que l'on prétend, l'entrée d'une galerie souterraine qui se prolonge dans le roc jusqu'au château de la Garde.

.....Ce n'est pas seulement contre les envahisseurs étrangers que les habitants de la vallée de Seix ont déployé l'énergie de leur caractère ; ils ont aussi lutté avec indépendance contre l'autorité seigneuriale. Ils prétendaient tenir leurs priviléges de Charlemagne et voulaient dépendre du roi seul, préférant un maître lointain à des despotes immédiats.

Les franchises du pays de Seix étaient sérieuses : en 1528, quand Charles-Quint menaçait d'envahir la France, la commune fut dispensée, dans les Etats-Généraux du Languedoc, de la contribution extraordinaire que faisait lever François Ier, attendu, dit la transaction, que les habitants étaient obligés de faire le guet, jour et nuit sur le port et de rompre les passages.

La surveillance du port n'empêchait pourtant pas les habitants de Seix de vivre en bonne intelligence avec leurs voisins d'Espagne ; ils se fêtaient, s'envoyaient tous les ans des adresses amicales, s'accordaient réciproquement le droit de *passerie*, et quand les deux royaumes de France et d'Espagne étaient en feu l'un contre l'autre pour les querelles de leurs rois, les descendants des Celtibères, des deux côtés des Pyrénées, s'avertissaient des dangers d'invasion que les uns ou les autres pouvaient courir.

Le danger venait surtout des châteaux-forts

que le roi d'Espagne avait aux frontières où tenaient garnison « de méchants gens, bandoliers, de sac et corde, que ne craignant rien de faire, et leur est permis de tenir bandes ordinaires audit pays de frontières, que donnent beaucoup de vexations et font plusieurs pilleries auxdits habitants de Seix ».

On garde encore le souvenir d'un combat sanglant qui eut lieu au *Prat Mataou*, non loin du port. Un singulier stratagème fut imaginé par les défenseurs de la frontière. Sur l'avis d'une attaque prochaine, la garde se tint embusquée, sur les hauteurs, derrière des tertres ou dans des trous creusés à cet effet ; en bas et en vue du port, on mit des mannequins habillés en soldats. Les ennemis trouvant le passage libre et apercevant la garde nonchalamment couchée au bas des ravins, descendent et chargent ces êtres de paille qui ne pouvaient ni fuir ni succomber. Les vrais combattants sortent alors de l'embuscade, coupent toute retraite aux ennemis, et en font un tel massacre que ce lieu prit le nom de *Prat Mataou*, le pré du massacre. Des tertres, épars çà et là, dans ce lieu désert, indiquent des tombes ; il est d'usage lorsqu'on passe auprès d'y jeter une pierre ; c'est peut-être une coutume pieuse : de nombreux voyageurs y ont péri...

*
* *

APPENDICE

Le Lanoux. — C'est un peu avant d'arriver au petit village de *Porté* que s'ouvre, à gauche, le chemin du *Lanoux* et du *Carlitte* ; c'est un des sentiers les plus pittoresques que nous ayons suivi durant notre voyage pyrénéen... il a l'avantage de se dérouler tout entier sur le flanc des montagnes.

...Plus nous nous éloignons de Porté, plus le pays prend un aspect triste et désolé. Bientôt même nous devrons dire adieu à toute culture... Le chemin n'est plus qu'une rampe coloyant à grand peine de profonds et dangereux ravins. Ce n'est qu'un cheminement tout brisé de montées et de descentes, tournant et serpentant, se déroulant en corniche, au milieu de rochers et d'arbustes... Et là-bas, devant nous, un vaste fond de terres vagues et ensoleillées, la route abrupte de l'étang...

Et le chemin continue ainsi longtemps, contournant les sommets, encaissé ou découvert, passant, de place en place, devant de grandioses échappées d'horizon... Tout à coup une psalmodie monte et chantonne dans le silence de l'accablante chaleur... Elle cesse au bout d'un instant, puis elle reprend pour cesser encore et nous voyons bientôt déboucher dans le sentier, venant en sens inverse, un guide et deux vieux Espagnols qui descendent du Carlitte... Après les saluts d'usage, ils reprennent leur chemin, s'arrêtant à chaque tournant du sentier, tandis que le guide leur décrit le paysage...

Mais nous voilà remontés sur un plateau, au-dessus d'une vallée large et basse, au fond de laquelle mugit le torrent qui, de cascades en cascades, se précipite vers la plaine. Il est deux heures, un air de feu flotte au-dessus de nos têtes, une insupportable lourdeur nous brise bras et jambes, et nous cherchons notre route dans les rochers, lorsque, grande surprise, grands cris... C'est toute la magnifique et sombre nappe du Lanoux qui vient mourir à nos pieds...

...Cette région des Pyrénées, entre les départements de l'Ariège et des Pyrénées-

Orientales, est celle qui possède le plus grand nombre de nappes lacustres et la plus vaste de toutes, l'étang de Lanoux, long de 3 kilomètres, large de 500 à 600 mètres, rétréci en son milieu et formant ainsi deux bassins. Il couvre 110 hectares, mais ne reflète guère le ciel et ses rives désolées de pauvres pâtures et de rochers que pendant trois mois à peine, de juillet à septembre, quand la glace a fondu. Il renferme beaucoup de truites, grasses et exquises, que l'on pêche activement.

Un cadre de hautes montagnes, dépassant toujours 2.500 mètres, atteignant 2.921 mètres au pic de Carlitte, entoure le lac dont le plan d'eau est à 2.154 mètres. Derrière cette barrière sont d'autres bassins lacustres ; les plus vastes s'étalent au nord, dans le département de l'Ariège. Parmi tous ces lacs, il y a l'étang d'*En-Beys*, d'où sort l'Oriège ; les étangs de *Peyrisses* dont l'émissaire va de cascade en cascade former le grand et beau lac de *Naguilles*, réservoir où l'on puisera pour irriguer un jour la plaine de Pamiers, et tant d'autres *étangs* endormis au fond des vallons où, sauf les bergers conduisant aumailles et ouailles, on ne voit jamais d'êtres humains.

Sur le versant oriental du Carlitte, dont la cime maîtresse est nommée *Puig-Péric* par les habitants de la vallée de Porté, s'étalent les lacs les plus nombreux, ceux du désert de *Montlouis*, acheté par le département des Pyrénées-Orientales qui a réparti les pâturages entre les communes. Ces étangs vont former la rivière d'Angoustrine, ou, par le marais de la Bouillouse, alimenter le Tet.

...A la hauteur où nous sommes, il n'y a plus de forêts, plus d'arbres en vue ; il n'y a même plus de pâturages ; ce sont de toute part des rocs recouverts d'un lichen verdâtre tel qu'on le trouve sur tous les hauts sommets.

Ces rochers sont de formes molles et majestueuses, plutôt qu'abruptes et irrégulières, et la beauté du paysage est entièrement dans les lignes et la couleur de ces gigantesques masses, entourant de leur vaste solitude l'immense nappe verdâtre du lac...

L'air s'étant rafraîchi et devenant même vif sur ces sommets éternellement sapés par les vents violents, nous allons chercher le soleil dans une enceinte de rochers qui nous serviront d'abri temporaire. Avec cette disposition au frisson qui est assez ordinaire sur les hauteurs considérables, rien n'est plus agréable que de se griller à fond dans quelque anfractuosité de rochers ; mais si le vent et le soleil arrivent du même côté, ce plaisir là n'est plus possible, il n'y a d'autre chose à faire que de repartir bien vite et de marcher ferme. A quelques pas de nous, au bord de l'eau, se dresse a cabanne des bergers qui va nous abriter pour la nuit, hutte hottentote, égarée dans ces solitudes de France, construction robuste et grossière, faite pour résister à la rudesse des hivers... Et là-bas, vers l'Orient, la masse grisâtre et abrupte du Carlitte que nous allons escalader avant le coucher du soleil...

...Le projet d'une excursion au pic qui domine toute cette contrée hante l'esprit du touriste, dès les premières minutes de son séjour sur ce plateau désert. Après la pénible montée de Porté au Lanoux, il découvre soudain l'immense horizon fauve et pelé de cette région et fermant cet horizon du côté de l'est la silhouette schisteuse du Carlitte. Quelques kilomètres à peine l'en séparent encore et, tandis qu'il avance à travers cette région monotone et nue où tranche seule la pâle verdure des champs de *Gispet*, la prochaine apparition le fascine ; sous la chaleur accablante, la gorge desséchée, il tient les yeux fixés sur les cimes étincelantes sous les rayons ardents du soleil, comme sur un phare qui marque le terme d'un pénible voyage. La masse énorme menace les plateaux environnants ; impression saisissante, à laquelle je ne saurais comparer que celle éprouvée le jour, où pour la première fois, j'aperçus le Ventoux des rives de la Durance...

Rien n'est plus dangereux que la *Cheminée* du Carlitte. C'est une montée à pic sur des éboulis d'ardoise qui glissent et se dérobent à chaque instant sous les pas. Nous nous arrêtâmes vers le sommet, auprès d'une source d'une fraicheur remarquable, puis nous continuâmes l'ascension, tandis que vers l'occident le soleil déclinait, éclairant de ses rayons faiblissants les montagnes bleuâtres d'Andorre. Puis, bientôt après, nous avons quitté les éboulis pour les rochers et, à cinq heures, nous arrivons au sommet. Le panorama qu'on y découvre vaut surtout par son étendue ; seules les grandes lignes s'y détachent nettement, mais je ne crois pas qu'en France, on puisse trouver rien de plus stérile que le pays qu'il domine : à l'ouest et au nord, ce sont les ondulations sans fin de la grande chaine et des montagnes d'Orlu sur lesquelles les plaques de seigle apparaissent comme autant de points brillants ; à l'est, le pic s'abaisse à des profondeurs infinies sur le désert de Montlouis où brillent une vingtaine d'étangs d'une couleur tendre et azurée qui contraste avec l'éclat brutal de leurs cirques de rochers. Enfin audelà, les premiers contreforts du Canigou ferment l'horizon dans la direction de la mer...

A six heures, comme le soleil était bas, bien bas dans le ciel, nous avons commencé la descente au milieu des gouffres, des précipices et des éboulis glissants. Ce ne fut pas une descente, mais plutôt une course échevelée qui, en trente minutes, nous conduisit auprès du glacier, au pied du Carlitte. Nous avons alors jeté un dernier regard au colosse, qui seul encore était éclairé des derniers reflets du soleil couchant, et, heureux d'avoir terminé sans accident l'ascension dangereuse, nous regagnâmes la hutte de pierre, au bord de l'étang, tandis que dans le lointain les montagnes embrumées se dessinaient à peine parmi les vapeurs du soir...

...Epuisés par les efforts de deux journées de marche et de fatigues, dès huit heures nous nous couchâmes dans la cabane sous nos épaisses peaux de moutons : la toile qui fermait l'entrée fut rabattue et bientôt tout le monde s'endormit en un profond sommeil...

Au bout de quelques heures, je m'éveillais tout grelottant craignant que l'acide carbonique dégagé par la respiration de trois personnes n'entraîne des conséquences graves ; mais le vent qui faisait rage au dehors rendait cette crainte inutile : il traversait facilement la toile et procurait l'aération en nous glaçant jusqu'aux moëlles.

Malgré tout cela, il est incontestable qu'une nuit de cette espèce est du moins bien plus saine que celle qu'on passe au bal. On ne s'enrhume jamais sur les montagnes ; l'air et le sol y sont beaucoup trop secs pour cela ; quant à s'y refroidir pendant la nuit, c'est impossible, car on a toujours froid. En effet, j'étais bleu et j'étais gelé. Je n'ai jamais tant soupiré après l'aurore ; mais hélas! il n'était que trois heures. Je me levai cinq ou six fois pour contempler le plateau ; la lune le couvrait d'or et d'une lumière mystique... Chose étonnante! Bien que le ciel fût absolument noir, la nuit était plus transparente que dans les vallées. J'y voyais assez clair, même lorsque les nuages cachaient derrière un voile sombre la lune, et devant moi les sommets des Pyrénées ressemblaient à des collines d'argent, et leur pâleur était cadavérique...

Et puis voilà que tout à coup le paysage se fit plus sombre ; une sorte de tempête venue de l'occident chariait à travers le ciel des amas toujours renaissants de nuages noirs qui, de temps à autre, laissaient choir au passage de grosses gouttes de pluie ; mais voilà qu'un peu avant l'aube, les vents s'apaisèrent, bien que des vapeurs ne cessassent de voyager dans l'espace, pesant lourdement sur le lac, et voilant même les cimes les plus proches.

De la cabane, j'apercevais cependant à nu un large pan du ciel bleu où scintillaient une douzaine d'étoiles. Ces étoiles pâlirent graduellement, et, à mesure que leur éclat s'effaçait, je vis les nuées, opaques d'apparence, qui couvraient le reste du firmament, se résoudre en un clair rideau de vapeurs translucides niellé de mille dessins fantastiques...

Quelques instants après, la cime du Carlitte tressaillit là-bas d'un frisson presque imperceptible, et une main invisible y jeta soudain comme une poudre d'or, dont la traînée mince et brillante alla s'allongeant d'une seconde à l'autre vers le massif obscur des monts d'Andorre. La nuit humide et silencieuse continuait de planer sur les vallées. La frange de lumière, de moins en moins fauve, s'étendit bientôt du côté de l'occident, colorant tous les sommets vaporeux, et dans ce trajet, sa couleur acheva de passer au rouge tendre, et ce fut sous cette gaze rosée que m'apparurent successivement les derniers lointains de cet horizon de montagnes.

La splendide fantasmagorie resta quelques instants concentrée au fond des sommets, puis les pentes sombres entrèrent à leur tour dans la zone orangée, tandis qu'en bas le bassin lacustre allongeait sa nappe tranquille reflétant toute cette merveille des cieux... Puis, une gerbe de lumière courut soudain à travers l'espace et un disque tout rouge, un brasier informe, émergea de derrière les monts, et c'était le soleil.

Un moment il parut hésiter, puis se détachant brusquement des cimes bleuâtres, il s'élança dans le vaste champ du ciel. Ce fut aussitôt comme un frémissement de vie universelle : de toutes parts le lac s'illumina de reflets rougeâtres, les montagnes semblèrent grandir en reprenant leurs teintes naturelles, et moi penché tout au bord de l'eau, j'aspirais par bouffées cet air vivifiant et embaumé du matin, tout en suivant au-dessus de moi d'un regard extatique, une forme d'oiseau, une sorte de faucon qui, sorti d'une anfractuosité de rocher, poursuivait lentement sa course aérienne...

.....Prêts à descendre avec les premiers rayons du soleil, j'éprouvais une sorte de mélancolie et de tristesse que, depuis ce temps-là, j'ai toujours retrouvée quand du haut des Pyrénées je suis descendu dans les vallées. A leur sommet, on respire si librement, tous les organes transmettent si vivement à l'âme les impressions des sens, que tout est plaisir et qu'on supporte tous les inconvénients de cette vie fatigante de voyageur avec courage et même gaieté. J'ai souvent éprouvé que sur les montagnes, on est plus entreprenant, plus fort, moins timide, et que l'âme se met à l'unisson des grands objets qui l'entourent...

Au sortir du Lanoux, nous retrouvons l'impétueux torrent de Fontvives né là-bas des flots étincelants du lac. Les premiers jouets de la sauvage rivière sont de gigantesques blocs de rochers qu'elle pousse devant elle dans le défilé, avec des vagissements de nouveau-né qui couvrent déjà la voix du tonnerre.

Puis elle arrive au fond de la vallée où elle accomplit entre deux parois couronnées de sapins ses derniers bonds de torrent indompté et gagne ensuite la région plus tranquille mais non moins sauvage dont le bourg pastoral de Porté est la localité principale. Là elle reçoit au passage, avant de s'engouffrer dans les gorges profondes qui l'amèneront jusque dans la fertile Cerdagne, de nouveaux affluents dont les touristes vont admirer les nombreuses et admirables chutes...

Cette poétique et sauvage contrée qui s'étend sur tout le massif du Carlitte, avec ses lacs, ses étangs, et ses vallées, est de toutes les régions pyrénéennes, celle où abondent le plus de légendes. Il semble que l'esprit de ces montagnards ait horreur du vide ; ils peuplent tout, les eaux, les bois, d'êtres mystérieux qui sont comme une chaîne destinée à unir hiérarchiquement le ciel et la terre. C'est ainsi que la tradition locale veut qu'il ait existé jadis dans ces monts du Carlitte une race de *nains*, dont la demeure était aux entrailles de la terre, mais qui quittaient volontiers leur séjour ténébreux pour venir se mêler au train de la vie des humains Ces petits êtres s'entendaient à fabriquer avec le lait des isards, leur bétail favori, des fromages excellents ; ils confectionnaient également des armes enchantées, puis des manteaux magiques à l'aide desquels ils enlevaient des trésors, et aussi les femmes Fort serviables malgré leurs espiègleries, ils faisaient volontiers part aux hommes de toutes les belles choses que le sol récélait, et il était bon en mainte occurence, de pouvoir compter sur leur protection.

Que de fois ils ont ramené les vaches égarées, sauvé les brebis tombées dans l'abime, ou indiqué aux bergers venus des pays de Foix, de Montlouis et d'Andorre, les herbes souveraines contre les blessures! Et quelle délicatesse charmante dans leurs procédés! Témoin ce paysan (dont le fils m'a si naïvement conté l'histoire) qui, entrant un matin dans son champ, le trouva fauché à moitié, quoique les épis en fussent à peine mûrs. Naturellement, il se mit en colère ; mais voici que la nuit suivante, la moisson fut achevée sans qu'il s'en mêlat et, le soir toutes les gerbes étaient déjà sèches, si bien que le lendemain, le villageois put emplir sa grange. Il n'était que temps. Le troisième jour, il y eut une tempête effroyable qui dévasta tout le pays, en détruisant sur pied les récoltes.

...Mais un soir de tempête, tandis que l'ouragan ébranlait jusqu'à la toiture des maisons de pierre, ils durent tous périr dans la tourmente, car, depuis lors, on n'a plus revu les bons génies de la montagne. Cependant on montre encore sur le flanc escarpé d'un rocher, dans une gorge profonde et ténébreuse, une des cavernes souterraines qui leur servait de demeures.

Ne reprochons point aux pauvres gens de mettre du divin et du surnaturel dans leur vie. L'existence d'un pâtre des montagnes serait vraiment trop sombre, s'il ne voyait pas, de temps en temps, quelque radieuse image lui sourire des entrailles de la terre de servitude...

⁂

Le drame d'Ornolac. — Comment rendre au jour ce drame obscur, perdu depuis plus de cinq cents ans, à deux mille mètres dans les profondeurs de la terre, et dont il ne reste plus d'autre témoignage qu'un muet amas d'ossements à demi pétrifiés? Ah! de ce monceau de débris humains, de l'âge de ces morts, de l'horreur de leur trépas, et du mystère de cette caverne, il sort une révélation tardive à la clarté pâle de laquelle, comme d'une lampe sépulcrale, l'histoire émue voit remuer vaguement dans ces ombres un drame effrayant et pathétique.

Depuis les jours où le pieux *Loup de Foix* venait prier dans la *grotte d'Ornolac*, cette grotte célèbre, séjour d'un évêque albigeois, et siège de prédications nocturnes, était devenue sous l'orage toujours croissant, un refuge perpétuel de faidits des bois. Cinq ou six cents montagnards, fugitifs de leurs hameaux, s'étaient établis, hommes, femmes, enfants, dans ces ténèbres et formaient autour du pasteur cathare, un mélange de colonie mystique et de camp sauvage. Un nouveau *Montségur* s'était organisé, non plus chevaleresque comme l'autre, et perché dans les nuées, mais rustique au contraire, et perdu dans un autre de montagne, un gouffre perforé par un torrent diluvien.

L'Inquisition plus audacieuse par l'absence des comtes de Foix qui résidaient dans le Béarn, et par la conversion des seigneurs de Castelverdun, possesseurs du territoire d'Ornolac, résolut de détruire ce repaire albigeois. Le sénéchal de Toulouse et le maréchal de Lévis remontèrent de Foix à Tarascon et de Tarascon à Ussat ; ils firent comme une campagne des cavernes ; ils prirent successivement les grottes de l'Herm, de Bédeillac, et se présentèrent enfin devant la *Spulga d'Ornolac*, refoulant dans la roche les proscrits des bois. Le sénéchal pénètre sous le vaste porche, force l'étroit goulot intérieur, et croit les envelopper tous d'un coup de filet, comme un nid de bêtes fauves, dans un fond de tanière, sous la rotonde sans issue de Loup de Foix. Mais la grotte est double, ou plutôt le corridor oriental qu'il venait de parcourir, d'une étendue d'un quart de lieue, n'est que le vestibule d'une galerie supérieure trois fois plus profonde et qui forme la caverne-mère.

On monte à celle-ci par un escarpement d'une hauteur perpendiculaire de 80 pieds, vertical mais divisé par cinq ou six ressauts, dont les entablements supportent des échelles de bois dressées contre le rocher. Les Albigeois, retirant après eux les échelles, furent en un instant inexpugnables dans l'obscurité de leur aire souterraine. L'armée catholique, qui croyait les acculer dans l'impasse de la Rotonde, y fut elle-même transpercée, écrasée, foudroyée, par un orage de flèches sifflantes, de rocs bondissants et de hurlements sauvages, roulant de cette gueule sombre. Comment, sous cette tempête, tenter l'escalade ; et, parvenu sur la haute corniche, comment poursuivre les proscrits dans le dédale obscur de la caverne qui s'enfonce encore de trois quarts de lieue dans la montagne? Le sénéchal recula, ramassa ses morts, mura l'étroit goulot oriental, et scella les vainqueurs dans leur fort devenu leur tombeau. Il campa quelques jours encore sur la bouche de la caverne, au-dessus de l'Ariège, puis, quand il n'entendit plus rien remuer dans les entrailles de la roche, pensant que tout était fini, il redescendit tranquillement et s'en revint à Toulouse. La grotte resta scellée et *scélérée*, maudite, et défendue par l'effroi superstitieux, la vague horreur dont l'entourait un indéfinissable mélange de mystère, de crime inexpiable et d'anathème royal et sacerdotal.

Cependant, que se passait-il au dedans? Les proscrits essayèrent-ils de renverser le mur? L'exiguïté du goulot rendait impossible l'évasion comme l'invasion du rocher. La résignation était une vertu cathare, aussi se soumirent-ils doucement à leur sort, et s'urirent tristement à leur tombeau... Quelque temps ils vécurent encore : ils avaient des pots d'argile, des amas de légumes dans les creux de rocher, et non loin de là un petit lac d'eau pure. Mais un jour tout leur manqua, vivres, bois, feu, et la lumière si douce, ce reflet visible de la vie. Et ce fut alors l'agonie, le supplice de la faim, leur suicide habituel et religieux, et puis... tous reposèrent dans le sommeil tandis que seules, les gouttes d'eau qui tombaient lentement des voûtes troublaient le silence sépulcral. Ainsi finirent ces derniers défenseurs de la *Patrie Romane*. Pendant que l'Inquisition maudissait leur mémoire, que leurs proches mêmes n'osaient prononcer leur nom, ils étaient pleurés par les rochers. La montagne qui, comme une tendre mère, les avaient recueillis dans son sein, leur fila religieusement avec ses larmes un blanc suaire, ensevelit leurs restes sacrés dans les plis lentement tissus de ce linceul calcaire, et sculpta sur leurs os que ne profana point le ver, un mausolée triomphal de stalagmites, merveilleusement orné d'urnes, de candélabres et de symboles de la vie...

⁂

CONCLUSION

C'est ici qu'il convient d'arrêter nos pas ; c'est ici que se termine aussi notre tâche. En la remplissant, nous avons été guidés sans cesse par la vérité et par la justice, et, en nous tenant en garde contre les exagérations de l'éloge, toujours animés par un amour profond de ce pays qui est presque le nôtre.

En nous vouant à la littérature descriptive, nous ne voulions ni ne pouvions faire concurrence au guide Joanne ; nous avons choisi une autre voie, nous avons glané un peu partout, et nous dédions le fruit de notre travail aux voyageurs et aux gens sédentaires, qui comme la grande majorité des Français, n'aiment pas les déplacements.

Il n'y a pas que la Bretagne qui ait ses ruines et ses légendes...

Chaque site ariégeois est d'une intensité d'effet dramatique à laquelle les descriptions évocatrices doivent rester inférieures. Si nos sommets n'ont pas la majesté des cimes alpestres, si nos castels démantelés n'ont pas l'étendue des grandes forteresses historiques, ils provoquent une émotion plus profonde et plus puissante, parce qu'ils semblent porter la trace de cataclysmes gigantesques, et parce que sur chaque rocher, sur chaque pierre, quelque chose d'humain semble s'associer à la mélancolie des choses. Ce ne sont pas seulement les immenses traînées de rocs, les donjons écentrés et les créneaux démantelés qui donnent cette impression. La végétation de nos montagnes elle même, les fougères rousses, les bruyères s'accrochant aux rochers comme des araignées gigantesques et les châtaigniers, les sapins, les hêtres et les chênes centenaires des vallées, sont là comme des témoins éternels. Nulle part en France, la nature n'a réalisé de décors à la fois plus savants et plus ingénus; et nulle part sans doute l'époque médiévale ne nous apparaît, à travers la brume des siècles, plus hautaine et plus tragique, qu'en cette terre d'Ariège, mère des héros. De ses forteresses elles-mêmes, il ne reste que ce que les démolisseurs et les ravages du temps n'ont pu parvenir à jeter bas. Et c'est beaucoup cela. Ces ruines sont magnifiques et terribles comme les chapitres d'histoire dont elles furent le décor. Il n'en est pas de plus écocatrices : en leurs restes dénudés, elles étalent ingénument le mystère formidable de leur passé. Et pour nous, aujourd'hui encore, pour nous les descendants des fiers défenseurs de la Patrie Romane, la Terre qui recueillit les débris d'Aquitaine, de Languedoc et de Provence sur la mer de sang, est grande et sacrée, pleine de mystère et de merveille! Elle est sacrée, par ses défenseurs, des héros ; par ses adversaires, ceux de France et d'Italie ; par ses guerres, luttes de géants ; par son bûcher, holocauste colossal ; et tandis que la Haine soufflait des rives de la Seine et du Tibre, l'Amour chevaleresque rayonnait des sommets d'Ariège! Et voilà pourquoi cette Terre pyrénéenne est auguste et vénérable et glorieuse à travers les siècles...

FOIX. — IMPR. GADRAT AINÉ

www.ingramcontent.com/pod-product-compliance
Ingram Content Group UK Ltd.
Pitfield, Milton Keynes, MK11 3LW, UK
UKHW012202240726
13966UKWH00002B/533